Couvertures supérieure et inférieure manquantes.

L'ATELIER
D'INGRES

L'ATELIER

D'INGRES

SOUVENIRS

PAR

AMAURY-DUVAL

PARIS
G. CHARPENTIER, ÉDITEUR
13, RUE DE GRENELLE-SAINT-GERMAIN, 13

1878

PRÉFACE

Ce n'est point un livre que je présente au public ; on s'en apercevra aisément.

Ce ne sont que *quelques* pages extraites de mémoires sur la société au milieu de laquelle j'ai vécu, et sur les hommes distingués, illustres même, dont j'ai eu l'honneur d'être l'ami.

Les passages relatifs à Ingres ont paru présenter un intérêt particulier : je les ai retirés des différents endroits où la suite des souvenirs les avait placés naturellement, et je n'ai même pas tenté de les relier ensemble. Voulant faire connaître surtout les sentiments intimes et les préceptes du grand artiste, il m'a semblé que toute addition serait un hors-d'œuvre.

Si je me suis mis trop souvent en scène, on comprendra que c'était une obligation inévitable pour amener le fait qui avait provoqué de la part de mon maître un mot, une observation, une maxime, et ce motif sera mon excuse.

L'ATELIER D'INGRES

I

UNE SÉANCE A L'INSTITUT.

. . . .

Le 1ᵉʳ octobre 1825, j'assistais à la séance annuelle de la distribution des prix de Rome, à l'Institut.

Ce fut là que je dus à une circonstance toute fortuite, et j'ajouterai très-heureuse, l'honneur d'être élève d'Ingres.

Je me suis félicité toute ma vie du hasard qui me permit de faire mes premiers pas sous la direction de ce grand peintre dans la carrière que j'avais choisie par goût, et de suivre modestement, sans ambition d'aucune sorte, une voie un peu unie peut-être, sans grands accidents de terrain, déjà battue par d'autres, mais d'autant plus facile et plus douce.

Je venais de finir ma rhétorique. Il fallait songer à me créer une existence : mon père m'engageait vivement à me préparer au baccalauréat ; je saisis une occasion favorable, je pris mon courage à deux mains, et je lui avouai un beau jour que je voulais être peintre.

Il faut se rappeler, pour expliquer mon hésitation à faire cet aveu, que l'état de peintre en 1825 était encore l'équivalent de celui de rat d'église (Littré le constate dans son Dictionnaire), et que très-peu de chefs de famille voyaient d'un œil tranquille leurs enfants choisir une carrière dont le terme leur paraissait devoir être toujours un dénûment complet. On riait encore au théâtre, à cette époque, quand un père disait à l'amoureux de sa fille :

« Quelle est votre fortune ?
— Je suis peintre....
— C'est-à-dire que vous n'avez rien. »

Depuis, tout cela est bien changé, et les peintres d'aujourd'hui, en présentant leur budget, peuvent prétendre à la main des héritières les plus recherchées, et se voir classés parmi les plus heureux et les plus riches commerçants.

En 1825, on n'en était pas encore là, et je m'attendais à quelques graves observations de la part de mon père ; je me trompais. Il m'écouta avec bienveillance, mais crut peut-être de son devoir de me rappeler, et cela un peu tristement, que je n'avais dans la suite rien à attendre de lui ; qu'il fallait donc que je me sentisse le courage de me tirer d'affaire avec mon pinceau ; que la médiocrité, enfin, était bien à redouter dans cette carrière. Mais ce n'étaient là que les craintes bien naturelles d'un père, et je crus même m'apercevoir que ma résolution ne lui déplaisait pas, car il s'informa à l'instant même de mes projets et du professeur que j'avais choisi. Je nommai M. Gros. Mon père avait conservé d'excellentes relations avec lui, et, comme il devait le voir le lendemain à la séance de l'Institut, il fut convenu qu'il lui ferait part de mon désir d'être admis dans son atelier.

Le grand mot était lâché — j'allais être peintre ! On ne saurait s'imaginer tout ce que cette pensée pouvait faire naître d'émotions diverses et confuses dans la tête d'un jeune homme sortant du collége, à l'époque surtout dont je parle : le nombre des peintres était alors plus restreint, le frottement avec les artistes bien plus rare ; aussi conservaient-ils encore, au moins à mes yeux, un prestige qui les mettait presque entièrement à part du reste des hommes ; leur atelier était bien le sanctuaire des arts, comme on disait en ce temps, et ce mot n'avait pas pour moi de côté ridicule, il n'était que l'expression juste de ce que je me figurais.

Je suis revenu de ces idées d'un autre âge, et le temps où j'ai vécu y a bien un peu aidé. Aujourd'hui, les ateliers sont ouverts à tout venant, et le peintre travaille à sa petite machine (c'est le mot) au milieu d'une foule d'amis, causant, fumant, racontant le sujet de la dernière opérette, dont ils chantent les motifs les plus populaires ; c'est un métier gai, charmant : je suis loin d'y trouver à redire ; c'est un fait que je constate, sans le blâmer. Mais enfin il n'en était pas ainsi autrefois : l'intérieur de l'atelier d'Horace Vernet, qu'une gravure très-répandue fit connaître, était une exception bien grande, à en juger par l'étonnement que causa cette façon de travailler ; il fallait donc, pour se décider à prendre cette carrière difficile, que l'on se sentît entraîné par une vocation qu'on avait, ou qu'on croyait avoir. Aujourd'hui, on se fait peintre comme on se fait quart d'agent de change, et l'on arrive à peu près au même résultat.

Mais, je l'avoue, moi qui avais pour tous les hommes supérieurs un respect que j'ai toujours conservé du reste, moi dont le cœur battit si vivement le jour où Girodet me serra la main pour la première fois, je ne voyais pas de près, sans un trouble bien grand, la résolution que j'avais bien décidément prise de suivre la carrière que ces hommes avaient noblement parcourue, et qui me paraissait réservée à des êtres privilégiés.

Je ne saurais dire la nuit que je passai à la suite de ma conversation avec mon père, mais elle dut être bien agitée, bien remplie de rêves où les succès, la gloire même jouaient un grand rôle.

Le jour arriva enfin. J'attendis fiévreusement l'heure de la séance de l'Institut, et, quoique je pusse compter sur les priviléges que voulait bien m'accorder le père Pingard (quand je pense que c'est le grand-père du père Pingard actuel dont je parle en ce moment), je ne trouvai rien de mieux à faire pour calmer mon impatience que d'aller me mettre à la queue.

A midi, la porte s'ouvrit. Je me précipitai vers l'amphithéâtre qui fait face au bureau, où je me trouvai par hasard placé auprès de M. Varcollier, ami de ma famille et particulièrement de mon cousin Mazois, dont il a fait, en tête du *Palais de Scaurus*, une notice biographique des plus intéressantes et des plus remarquables.

M. Varcollier, à cette époque, était un homme jeune encore, d'une distinction parfaite, à l'apparence froide et presque dure ; mais ces dehors couvraient le cœur le plus chaud, le plus passionné pour tout ce qui est grand et élevé. Dans les arts, ses doctrines, qui n'ont pas changé, étaient d'une rigidité inflexible, et ses admirations exclusives. Il avait vécu en Italie, étudiant les chefs-d'œuvre qui l'entouraient, et, sans savoir peut-être le métier, il avait toutes les inspirations d'un véritable artiste. Ne suffit-il pas enfin de dire que les Grecs, Raphaël, Gluck, Beethoven étaient ses dieux, pour indiquer en quelques mots la pureté de son goût [1] ?

Je témoignai à M. Varcollier le plaisir que j'avais à me trouver près de lui, et, après avoir causé quelques instants de choses indifférentes, il s'enquit avec bonté de mes projets d'avenir. Je lui avouai un peu timidement que j'avais la prétention d'être peintre. Il n'en fut pas surpris, car il avait pu juger déjà dans nos conversations du goût très-vif que j'avais pour la peinture et de l'intérêt que je prenais à l'entendre en parler.

Il me félicita chaudement, et me demanda chez quel professeur je comptais entrer. — Au nom de Gros, sa figure se rembrunit. — « Pourquoi Gros ? Il est vieux, ne s'occupe plus de ses élèves ;

---

1. Madame Varcollier, une des femmes les plus distinguées que j'aie rencontrées, est aussi merveilleusement douée pour les arts. Élève d'Ingres, elle les cultive avec un véritable succès.

entrez donc chez Ingres, qui va ouvrir un atelier, et qui est le seul homme aujourd'hui capable d'enseigner et de remettre dans une voie noble et élevée notre école qui dégénère. »

Le nom d'Ingres, qui depuis très-peu de temps commençait à avoir dans le public un certain retentissement, ne me présentait à l'esprit que quelque chose d'assez vague; ses tableaux m'avaient frappé plus par leur originalité, qui me semblait de la bizarrerie, que par leur beauté réelle. Aussi avaient-ils fait pour moi, de M. Ingres, un type d'ancien maître, et son éloignement de Paris ajoutait à cette impression. En disant à M. Varcollier que je croyais Ingres en Italie, ma pensée était plutôt que je ne le croyais pas de notre temps.

Il ne faut pas oublier que j'avais dix-sept ans, que je sortais du collège, et que j'avais été élevé au milieu des peintres de l'Empire, tous amis de mon père, et dont les noms illustres étaient bien capables d'imposer à ma jeune imagination. Il m'eût donc été bien difficile de saisir du premier coup les beautés de la peinture de M. Ingres, si différente de la peinture de ces maîtres-là, et dont l'étude seule devait me faire apprécier toutes les admirables qualités.

« Si Ingres est à Paris ? me répondit M. Varcollier, tenez... le voilà... »

En effet, la séance allait commencer. Les membres de l'Institut entraient par les deux portes latérales au bureau, et M. Varcollier me fit remarquer un petit homme au teint bruni de Méridional, les cheveux noirs séparés sur le front, l'œil vif et brillant. Il portait la tête haute, avec un certain air assuré et fier que se donnent quelquefois les gens timides. Il s'assit et serra la main de son voisin, en jetant un regard sur l'assemblée... Pas un de ses mouvements ne m'échappait.

M. Varcollier n'avait pas eu de peine à me convertir. Avant tout, j'avais une grande confiance dans son jugement; et puis le récit qu'il me fit pendant la séance de la vie de cet homme, ce qu'il me dit de son courage, de sa persévérance au milieu des privations de toutes sortes, de sa foi enfin, me toucha si profondément qu'il ne s'agissait plus que de prévenir mon père de ne pas m'engager avec M. Gros. Je pensai que j'aurais le temps après la séance, et me mis à écouter distraitement ce qui se passait autour de moi.

M. Gros présidait, et le programme de la séance était ainsi composé :

1° Éloge historique de Girodet-Trioson, par M. Quatremère de Quincy ;

2° Rapport sur les ouvrages des pensionnaires à Rome, par M. Garnier ;

3° Distribution des grands prix.

Enfin, exécution de la scène qui avait remporté le prix de composition musicale.

Ces séances se ressemblent à peu près toutes ; j'en ai vu souvent depuis, et j'ai toujours été frappé de l'espèce d'agitation fébrile qui règne surtout dans les tribunes occupées par les jeunes artistes, la plupart élèves de l'École. J'ai toujours entendu les mêmes cris, remarqué les mêmes symptômes d'ennui et d'impatience quand M. Quatremère de Quincy ou ses successeurs s'étendaient avec trop de complaisance sur les mérites de l'homme dont ils faisaient l'éloge. Un jour entre autres où M. Quatremère, racontant la vie de l'architecte Bonnard, arriva, au bout d'une heure, à cette phrase dite du ton nasillard qu'Henri Monnier savait si parfaitement imiter : « Messieurs, nous sommes parvenus à la trentième année de la vie du jeune Bonnard, il nous reste quarante ans à parcourir... » il ne put achever ; — il y eut dans les tribunes un mouvement d'effroi, suivi d'une explosion de rires, qui le força d'abréger de beaucoup ces quarante dernières années.

On comprend, en effet, que la grande attraction de cette séance était, pour les jeunes gens, l'instant où ils pouvaient se livrer à leur joie d'applaudir leurs camarades ou leurs amis vainqueurs, souvent à leur esprit d'opposition aux jugements de l'Institut. J'en eus la preuve ce jour-là, et je fus péniblement ému de la scène que je vis se passer sous mes yeux.

Giroux avait obtenu le prix de paysage, et je dirai tout de suite qu'il l'avait mérité ; ce jugement, je l'ai porté plus tard, et je ne crois pas me tromper. — Mais, soit que Giroux ne sortît pas d'un atelier en vogue (il était désigné comme élève de son père), soit qu'il existât déjà une tendance assez prononcée à repousser les œuvres d'un style académique, toujours est-il que la nomination de ce jeune homme fut accueillie par une bordée de sifflets. Des ordres furent donnés pour faire évacuer la tribune ; mais le coup était porté, et je ne vis pas sans une vraie émotion le pauvre garçon se diriger vers son père et se jeter dans ses bras, tout en pleurs.

Est-ce de ce jour que date mon antipathie pour tout contact avec le public, et ma résolution de ne jamais m'y exposer ?

Le reste de la séance se passa sans autre incident. Des hommes que le concours de cette année-là mit en lumière, deux seulement ont su justifier leur début : M. Duc, qui remporta le grand prix d'architecture ; Adolphe Adam, qui n'eut que le second grand prix de composition musicale.

J'ai conservé peu de souvenir des paroles de M. Quatremère de Quincy ; celui du discours de M. Garnier est encore plus vague, s'il est possible, dans mon esprit, et, à part l'émotion que j'éprouvai en voyant ces jeunes artistes recevoir leurs couronnes et venir embrasser leurs maîtres, toute la séance se passa pour moi dans la contemplation de l'homme à qui j'allais confier le soin de m'instruire.

Je remarquai dès ce premier jour les deux natures si distinctes de ce grand artiste, l'une presque enfantine et bourgeoise, l'autre violente et passionnée. Pendant les discours, si une pensée le choquait, il passait rapidement la main sur sa figure et tapotait avec vivacité son genou du bout de ses doigts ; à un mot qui lui agréait, son visage s'épanouissait. Qu'une phrase de la cantate lui plût, son plaisir ou son émotion s'y lisait aussitôt, sans qu'il cherchât le moins du monde à s'en cacher. Mais quand ces impressions d'artiste, bonnes ou mauvaises, étaient passées, sa figure reprenait un air presque bourgeois. L'art seul avait évidemment le privilége de l'illuminer.

Enfin, les dernières notes de la cantate donnèrent le signal du départ. La séance était levée, et je me précipitai, enjambant les banquettes, bousculant un peu tout le monde, pour arriver à la séparation des places du centre, et faire signe à mon père, qui s'approcha de moi ; sans autre explication, je ne pus que lui dire de ne pas parler à M. Gros.

En attendant l'heure du dîner, où je devais rejoindre mon père, j'allai, longeant les quais, marchant au hasard, inconscient de ce que je faisais, car, au fond du cœur, je n'avais qu'une pensée, qui m'absorbait entièrement, celle de mon avenir, de la carrière si difficile que j'allais suivre. Aussi, je me retrouvai à la maison sans trop savoir quel chemin m'y avait ramené.

Nous nous mîmes à table, et, avant que j'eusse pu dire à mon père le changement de mes projets, il nous raconta la rencontre qu'il venait de faire à l'Institut. Un de ses confrères l'avait abordé en lui disant : « Je n'ai pas oublié, monsieur, le service que vous m'avez rendu, ainsi qu'à mes camarades, il y a bien des années de cela, et j'en ai toujours gardé une profonde reconnaissance. » C'était M. Ingres. Mon père, en effet, au moment où M. Ingres eut le prix de Rome, était chef du bureau des beaux-arts ; il avait trouvé le moyen, par son insistance auprès du ministre, et par des ressources qu'il put se procurer, de faire partir pour Rome les lauréats de l'Institut, qui, depuis quelques années, étaient forcés de rester à Paris.

Tous ces jeunes gens vinrent le remercier chaleureusement, et c'est à cette circonstance que M. Ingres faisait allusion.

On peut juger de ma surprise, et combien ce hasard venait à point favoriser mes projets! Mon père fut enchanté aussi de la combinaison qui me plaçait entre les mains d'un homme d'un grand talent, arrivé, ajouta-t-il, grâce à un courage et à une force de volonté bien rares.

Je ne saurais oublier cette journée, et ma reconnaissance est restée profonde pour l'ami qui exerça cette heureuse influence sur ma détermination, en un moment si décisif pour moi.

II

PREMIÈRE VISITE AU MAITRE.

J'aurais voulu faire tout de suite cette visite si importante pour moi; mais je dus m'informer de l'adresse de M. Ingres, savoir les heures où je pourrais me présenter, et puis, je l'avouerai, au dernier moment, je fus saisi d'une certaine appréhension. — Voir de près un homme de cette valeur! lui parler! Comment serai-je accueilli? Voudra-t-il de moi? Je n'ai rien à lui montrer, je ne sais rien. — Mes illusions des jours passés commençaient à diminuer: la chose devenait précise, prenait toute sa gravité, et le courage me manquait.

Il n'y avait pourtant pas à reculer; je me décidai, et, gagnant un matin la rue du Bac, j'entrai dans le passage Sainte-Marie, au fond duquel je sonnai à la porte d'une petite maison... Le cœur me battait bien fort.

Une bonne vint m'ouvrir. M. Ingres était à déjeuner. J'insistai pour qu'on ne le dérangeât pas, et l'on me fit entrer dans une petite pièce au rez-de-chaussée, que je reconnus pour une salle à manger au poêle qui se trouvait dans un enfoncement. Ce poêle, surmonté d'une colonne peinte en vert, était le seul indice qui pût faire supposer la destination de cette pièce, car elle était entièrement tapissée de toiles sans châssis, attachées par des clous à la muraille. Au milieu, sur un chevalet, le dessin du *Vœu de Louis XIII* par Calamata.

Je restai quelques instants seul, à considérer curieusement toutes les peintures qui m'entouraient. Je me souviens, entre autres, de l'*Œdipe* et de quelques têtes d'étude pour le *Saint Pierre*.

Tout cela me paraissait bien étrange. Élevé par une mère qui avait fait de la peinture sous la direction de Girodet, l'école de David, je l'ai déjà dit, était pour moi le dernier mot du grand art : j'avais le Luxembourg pour galeries habituelles pendant mes jours de sortie ; et voilà que tout à coup je me trouvais en présence de peintures réalistes, devant des torses, des pieds, des mains qui n'avaient pas cette grâce apprêtée, à laquelle mes yeux étaient faits, de l'*Apollon*, de *Romulus*, de l'*Endymion*.

Je ne comprenais pas, mais j'avais assez de bon sens pour m'incliner en attendant que la clarté se fit. Par contre, ce qui me toucha à me faire battre le cœur, ce fut le dessin de Calamata. Je ne croyais pas que la main d'un homme pût atteindre une telle perfection, et j'étais en extase... quand la porte s'ouvrit.

Je vis venir à moi M. Ingres.

Dirai-je son costume, qui me frappa en dépit de mon émotion, et ajouta une note un peu gaie à cette scène si grave pour moi? Il portait à peu près pour tout vêtement un petit carrick assez court, qu'il tenait soigneusement croisé sur son ventre déjà un peu arrondi. Ce carrick devait être celui dont M. Ingres est vêtu dans l'admirable portrait qu'il avait fait en 1808 d'après lui-même. C'en était du moins la forme et la couleur.

M. Ingres s'avança vers moi d'un air interrogateur; — je m'empressai de me nommer, et j'ajoutai que j'avais la prétention de faire de la peinture et d'être admis dans son atelier.

« Ah! mon cher enfant, soyez le bien venu, » me répondit M. Ingres en me prenant les deux mains dans les siennes (je vis alors que la précaution qu'il avait de croiser son vêtement n'était pas tout à fait inutile). « Votre excellent père a été bien dévoué pour les artistes, pour moi en particulier, quand il était au ministère, et je serais heureux de lui prouver toute ma gratitude en vous donnant mes conseils et mes soins... Et... que faites-vous?... avez-vous déjà dessiné?

— Comme on fait au collége, où j'ai eu des prix de dessin... Mais je ne sais rien, absolument rien... je m'en aperçois surtout en ce moment.

— Tant mieux cent fois; vous n'aurez pas du moins de mauvaises habitudes, dont il est si difficile de se défaire. »

Et comme mes yeux se portaient sur le dessin du *Vœu de Louis XIII :* « Vous regardez ce dessin?... C'est bien beau, n'est-ce pas?... Je ne parle pas du tableau, bien entendu; — le tableau, disent les journaux, est un pastiche, une copie de Raphaël... »

Il s'animait en parlant, ses yeux commençaient à briller singulièrement.

« Eh bien! non, ce n'est pas un pastiche, ce n'est pas une copie... j'y ai mis ma griffe... Certes j'admire les maîtres, je m'incline devant eux... surtout devant le plus grand de tous... mais je ne les copie pas... J'ai sucé leur lait, je m'en suis nourri, j'ai tâché de m'approprier leurs sublimes qualités... mais je n'en fais pas des pastiches; — je crois que j'ai appris avec eux à dessiner, car, voyez-vous, mon enfant, le dessin est la première des vertus pour un peintre, c'est la base, c'est tout; une chose bien dessinée est toujours assez bien peinte... Aussi nous

2.

allons commencer par dessiner, nous dessinerons, et puis nous dessinerons encore. »

Je l'assurai de ma complète soumission, et j'ajoutai que, quoi que l'avenir me réservât, je serais toujours très-fier et très-reconnaissant d'avoir été admis au nombre de ses élèves.

Il me prit la main. — « Mais à propos, me dit-il, je n'ai pas encore d'atelier... j'en cherche un... Voyez, je suis à peine installé moi-même... Je ne croyais pas rester en France... Je comptais, à la suite de l'Exposition, reprendre le chemin de ma belle Italie... Mais le vent a tourné... Pour la première fois, j'ai été accueilli, fêté, récompensé, plus que je ne mérite peut-être, et j'ai écrit à madame Ingres d'arriver, d'apporter tout, car je n'étais venu, moi, qu'avec une simple valise et mes tableaux, et me voici en France, dans mon pays, qui veut bien de moi... Et j'y resterai, et j'en suis heureux... Quelques-uns de mes amis m'ont engagé à ouvrir un atelier, et je suis à la recherche d'un local. Mais jusque-là il ne faut pas que vous perdiez votre temps. Je vais vous donner quelques gravures, que vous copierez, et vous viendrez me montrer ici ce que vous aurez fait ; nous attendrons ainsi que je puisse vous installer avec ceux qui, je l'espère, m'arriveront. »

Il alla prendre dans un carton deux petites gravures de Marc-Antoine, je les vois encore, un Christ et un Apôtre d'après Raphaël, et, en en faisant ressortir toutes les beautés, il me recommanda de les copier avec un soin religieux.

Je le remerciai vivement et pris congé de lui. Combien ces souvenirs me sont restés gravés dans la mémoire ! Comme je m'en allai fier et heureux ! Il me semble me voir encore suivant le quai et marchant un peu à la façon d'un triomphateur !

Les passants auraient dit : Voilà un élève d'Ingres ! que je n'aurais pas été très-étonné. — C'est qu'en effet j'avais ce titre ; je n'avais pas encore donné un coup de crayon... c'est vrai ; mais j'étais admis, le maître m'avait serré la main et m'avait dit : Bon courage ! J'étais sacré par le grand homme.

III

OUVERTURE DE L'ATELIER.

Pendant un mois je portai régulièrement à M. Ingres les dessins que j'exécutais d'après des gravures qu'il voulait bien me confier. Il paraissait content de mon zèle et de l'exactitude scrupuleuse avec laquelle je faisais ces copies.

Un jour enfin, il m'annonça qu'il avait un atelier, que tout y était prêt ; et il m'en confia la clef, me chargeant de recevoir les élèves qui se présenteraient.

Je fis comme il m'avait dit ; j'allai un matin d'assez bonne heure tout préparer, faire allumer le poêle, et attendre mes camarades.

M. Ingres, en me chargeant de ces modestes fonctions, m'avait prévenu qu'avant peu il aurait un *massier*, dont l'emploi était de recevoir la rétribution destinée au maître et la cotisation de chacun pour les frais de modèles et autres. Nous n'en étions pas à prendre modèle, et je suffisais parfaitement pour les arrangements bien simples de cette installation.

Notre atelier était petit, rue des Marais, dans une maison qui avait une autre entrée rue des Beaux-Arts. Il touchait à celui de M. Ingres, mais sans communication. Quand nous fûmes plus nombreux, il nous céda pour quelque temps celui qu'il occupait, et où plus tard il devait exécuter le *Plafond d'Homère* et le *Saint Symphorien*.

Pour le moment, l'atelier que nous occupions nous suffisait de reste ; car, le jour où j'en fis les honneurs à mes nouveaux camarades, nous n'étions encore que sept ou huit au plus.

J'ai conservé de ces premiers arrivés un très-vague souvenir. Je sais seulement que parmi eux se trouvaient deux Allemands, qui disparurent assez vite, un Brésilien, et enfin Van Cutsem, un Belge avec lequel je me liai très-intimement par la suite. C'était un aimable et charmant garçon : il avait commencé l'architecture, l'avait abandonnée pour entrer à l'atelier de M. Ingres, et, s'il avait continué la carrière des arts, il aurait pu, j'en suis convaincu, y tenir une place honorable ; ses dessins étaient pleins de finesse et d'élégance. Mais malheureusement, ou heureusement, lui seul peut prononcer, un événement vint changer tous ses projets. Son père, qui tenait à Bruxelles le plus célèbre et le meilleur hôtel de la ville, mourut et lui laissa cette maison toute montée et fort grandement achalandée. La chose était tentante. Il n'y résista pas, et je dirai plus tard comment, à quarante ans de distance, je le retrouvai chez lui, un peu goutteux, mais toujours gai et aimable, et la gracieuse réception qu'il me fit à Bruxelles.

Les deux Allemands étaient fort peu sociables, et je me rappelle même un commencement de dispute avec le Brésilien, qui se nommait Mello, très-charmant et très-beau, et dont l'allure était un peu nonchalante, comme celle des créoles. Je conservai avec lui jusqu'à son départ de bonnes et amicales relations. Qu'est-il devenu depuis? A-t-il continué la peinture? Je l'ignore, et n'ai plus entendu parler de lui depuis cette époque bien éloignée.

Nous dessinions tous, les uns d'après des gravures, les autres d'après la bosse.

Ces premiers moments m'ont laissé une impression si vive, que je me vois encore devant un nez et une bouche en plâtre, et M. Ingres derrière moi, se courbant pour me corriger et s'appuyant un peu sur mon épaule.

Je ne sais si ce que je vais dire sera bien compris des jeunes élèves actuels, car il me semble que l'indépendance et l'égalité, si généralement prêchées à l'heure qu'il est, ne leur ont guère donné que l'indépendance du cœur, comme disait Roqueplan ; mais je ne trouve plus ce respect, ce recueillement quand le maître parle, cette émotion lorsqu'il vous prend à partie. Pour moi, et nous étions tous, je crois, ainsi, lorsque je sentais M. Ingres me frôler de son vêtement en se baissant pour examiner mon dessin, lorsque je pensais à la condescendance de cet homme, de ce grand artiste s'occupant d'un mauvais contour mis par moi sur du papier, je l'avoue, dussé-je faire rire mes jeunes confrères, j'étais pris d'une si violente émotion que tout mon sang se portait à mon cœur, qu'on entendait battre, et il m'aurait été impossible de cacher ce que j'éprouvais, si cette position eût dû se prolonger.

Je veux croire pourtant que ces sentiments de respect et d'admiration se rencontrent encore chez beaucoup de jeunes gens. Je crains seulement qu'ils ne soient plus rares, et malheureusement je ne suis pas le seul à constater la différence notable des rapports qui existaient autrefois, et de ceux qui existent aujourd'hui, entre le maître et l'élève.

Cependant les camarades nous arrivaient en assez grand nombre, et c'est alors que nous dûmes changer d'atelier.

Avant de parler de ces nouveaux venus, dont

les noms ont brillé par la suite d'une façon plus ou moins éclatante, je ferai remarquer que, dans cette histoire d'un atelier, on ne trouvera ni ces plaisanteries, ni ces charges faites aux nouveaux, rien enfin de ce qui caractérisait les ateliers des autres professeurs ; c'est qu'en effet, habitué comme je l'étais au monde, j'avais reçu dès le premier jour mes camarades en homme bien élevé, que le pli en fut pris très-vite, et que les gens distingués et plus âgés que nous qui arrivèrent ensuite ne firent qu'accentuer davantage le bon ton qui régnait à l'atelier.

Je dois même dire que c'est à peu près la seule chose dont M. Ingres m'ait absolument complimenté. Parlant un jour devant moi, à quelques personnes, de son atelier et de ses élèves : « C'est à Amaury, leur dit-il, que je dois d'avoir un atelier bien différent des autres... et je lui en ai toujours été reconnaissant, ajouta-t-il en me serrant la main. »

Ceci me remet en mémoire un mot qui nous amusa beaucoup à cette époque. Un de nos camarades, passant dans la cour de l'Institut, où notre atelier se trouvait alors, entendit un fragment de conversation entre deux élèves de M. Gros. L'un disait à l'autre, en se tenant les côtes : « Tu ne sais pas, les Ingres !.. quand ils arrivent le matin à l'atelier, ils se demandent de leurs nouvelles ! » Cela leur paraissait du dernier comique.

Je reprends la nomenclature des nouveaux arrivés. Parmi eux se trouvait Ziegler; puis, deux capitaines d'état-major, MM. Maumet et Valery, charmants hommes, distingués, aimables et ayant déjà un certain talent; l'un d'eux peignait, et ce bonheur de peindre, je ne le voyais pour moi que dans un avenir bien éloigné.

Après eux vint Sturler, qui sortait de l'atelier de M. Regnault, plus connu alors sous le nom du *Père la Rotule,* à cause du soin qu'il mettait, disait-on, à peindre cette partie du corps humain, et de la supériorité qu'il y avait acquise.

Sturler peignait déjà avec une grande habileté. Une scène assez curieuse eut lieu un jour entre lui et le maître.

M. Ingres examinait la figure que Sturler était en train de peindre : « Eh bien, monsieur, lui dit-il, c'est très-bien... très-habile... c'est peint avec un vrai talent... je n'ai rien à vous dire...

— Monsieur, interrompit Sturler, si je croyais faire aussi bien, je ne serais pas venu vous demander des conseils. C'est parce que je sais que ce n'est pas ça... que c'est mauvais, que je suis venu à vous.

— Ah ! vous le prenez ainsi, dit M. Ingres en se reculant et en le regardant en face. — Ah ! vous n'êtes pas content de ce que vous faites !

Alors c'est autre chose... Eh bien ! oui, ce n'est pas cela... C'est de l'habileté, et voilà tout... pas de style, pas de caractère ; eh bien ! oui, c'est mauvais... Ah ! c'est comme ça !.. Alors je vais vous dire ce que je pense. Il faut que vous oubliiez tout ce que vous savez, que vous commenciez par le commencement. Vous pourriez, avec votre talent, vous en tirer sans moi, vous auriez même une fortune dans la main... Mais puisque vous regardez plus loin et plus haut que cela... bon courage... car tout est à refaire. »

Depuis ce jour, Sturler a si bien suivi les conseils de M. Ingres, qu'il est arrivé à la naïveté des maîtres primitifs et n'a plus voulu se servir de modèles, dans la crainte d'être trop vrai. Aussi M. Ingres lui disait-il quelque temps après cette scène : « Je vous ai dit d'en prendre long comme ça. » — et il indiquait son doigt ; puis montrant son bras tout entier : « Vous en avez pris long comme ça. »

Malgré tout, c'est un artiste qui aura vécu trop ignoré malheureusement, mais qui ne peut manquer d'avoir son jour. Ses compositions innombrables resteront, malgré leur exécution primitive, comme des œuvres très-remarquables. Le Dante illustré par lui est aux Dantes modernes ce qu'est une fresque de Giotto à une gravure de keepsake.

Il est rare qu'il ne se présente pas dans les ateliers quelques types excentriques, bizarres, quelques génies méconnus, faciles à distinguer à leurs allures tapageuses, à leurs costumes singuliers. Un garçon de ce genre s'était fourvoyé je ne sais comment à notre atelier, car sa peinture était une exagération, sans aucune qualité, des maîtres flamands, que M. Ingres ne nous présentait pas précisément comme modèles.

Ses études avaient l'aspect d'écorchés. M. Ingres s'était passé la main sur la figure plusieurs fois déjà, et avait poussé des hum ! significatifs ; mais, comme ce garçon n'avait pas du tout l'air commode, il imposait à M. Ingres, qui pourtant un jour n'y tint plus et lui fit des observations très-dures. L'autre ne lui répondait que par ces mots : « Moi, monsieur, je vois comme ça. » Au premier moment, M. Ingres resta interdit ; mais tout à coup se redressant : « Je vois, moi, monsieur, que nous ne nous entendons pas... et quand on ne s'entend pas... » de ses deux mains il indiquait la porte et ne répétait que ces mots : « Vous savez, monsieur, quand on ne s'entend pas... »

L'atelier était dans un silence complet, chacun avait l'air profondément occupé de son travail ; enfin le malheureux se mit à ranger sa palette et s'en alla en murmurant : « Ça n'empêche pas que je vois comme ça. »

Le lendemain, nous allâmes, deux ou trois des plus anciens, prier M. Ingres de revenir sur sa décision, et le farouche *Bouzingot*, comme nous l'appelions, put reprendre sa place, mais pour peu de temps ; il comprit probablement qu'il ne pourrait pas imposer sa manière de voir à M. Ingres.

Un autre original était notre massier (depuis longtemps je ne remplissais plus ces fonctions) ; il était frère de Pradier le sculpteur et devait, je crois, la position qu'il occupait auprès de nous à l'amitié de M. Ingres pour ses deux frères, dont l'autre était l'habile graveur du *Virgile*, car c'était un vieux routier d'atelier, qui n'avait rien des allures que le maître exigeait. Bon et gai, avec un air un peu soldatesque et très-brusque, il faisait d'assez amusantes plaisanteries. Il avait une manière de faire nettoyer ses brosses par les plus jeunes qui ne manquait jamais son effet. « C'est le premier échelon de la peinture, — disait-il au nouvel arrivé, — tu ne seras peintre que quand tu sauras nettoyer les brosses. » Il tutoyait les nouveaux, — ce que nous ne faisions pas. — « Et je vais t'apprendre comment cela se pratique. » Alors la théorie du nettoyage des pinceaux : « Il faut que ça mousse blanc, vois-tu, tout est là. » Et de loin il criait : « Ça ne mousse pas encore assez blanc, je te répète qu'il faut que ça mousse tout à fait blanc ! » Et le malheureux nouveau s'escrimait de son mieux au robinet de la fontaine. Le ton professoral surtout dont Pradier exposait sa théorie rendait cette scène fort amusante.

Il était peu à son aise, je crois, ou peut-être ne menait-il pas une vie très-régulière, car il était obligé de faire un genre de commerce qui devait être d'une monotonie bien fatigante. Il copiait éternellement, sans jamais sortir de là, un Napoléon à cheval de Carle Vernet, dont il avait une gravure coloriée qu'il décalquait, et il était entouré de ce même Napoléon à tous les degrés d'avancement. Ce qu'il y a de plus curieux, c'est qu'il faisait ces copies dans l'atelier de M. Ingres, ou du moins dans la pièce d'entrée, à côté du *Plafond d'Homère*. Je n'ai jamais compris cette tolérance de la part de M. Ingres, qui devait toujours détourner la tête en entrant chez lui, mais qui savait probablement que c'était la seule ressource de ce brave garçon.

Un autre souvenir, mais celui-là bien triste et bien touchant. Je m'étais senti entraîné vers un de mes camarades, dans lequel j'avais deviné les sentiments les plus élevés sous une écorce assez commune, ou plutôt laide : une vraie tête d'Holbein, gros nez, petits yeux fins, lèvre épaisse, l'Érasme moins le ton chaud.

Il s'appelait Lefèvre, et, sans la misère et la fatalité qui s'attachèrent à lui, son nom ne serait peut-être pas inconnu aujourd'hui. Il avait un talent, il serait plus juste de dire un germe de talent, d'une grande distinction, mais d'une sévérité un peu sauvage. Avant d'entrer à l'atelier, il s'était formé presque tout seul et peignait la miniature; mais, comme il n'avait pas même une chambre où il pût travailler, son métier pour vivre était de faire des croix d'honneur dans les portraits en miniature du Palais-Royal. On se rappelle peut-être que c'était là qu'habitaient tous les peintres en ce genre. La photographie n'était pas inventée, et l'industrie de la miniature régnait dans tout son éclat.

Lefèvre gagnait 2 francs pour une croix d'honneur, un peu plus quand c'était un ordre étranger plus compliqué.

La vie de cet homme que j'ai aimé de tout mon cœur, et qui me le rendait avec des sentiments presque paternels, mérite un chapitre à part; je le ferai dans la suite de ces souvenirs, car je ne sais rien de plus honorable que cette misère si noblement supportée, rien de plus touchant que la mort qui vint le surprendre au moment où tout s'aplanissait devant lui, où son existence paraissait assurée, son avenir tranquille.

Depuis quelque temps, Lefèvre ne se montrait

plus à l'atelier : je n'étais pas alors aussi lié avec lui que je le fus depuis, et personne ne s'en aperçut trop.

Un jour, sur le pont des Arts, il se trouve tout à coup en face de M. Ingres ; il cherche à l'éviter, mais le maître va droit à lui.

« Eh bien ! Lefèvre, on ne vous voit plus, est-ce que vous avez été malade ?

— Non, monsieur, balbutia Lefèvre en rougissant.

— Alors pourquoi ne travaillez-vous pas ? Vous n'êtes plus tout jeune, vous n'avez pas de temps à perdre. »

Pressé dans ses retranchements : « Je vous avoue, monsieur, dit Lefèvre, que je suis un peu en retard avec le massier... à qui je dois deux mois..... » Il n'avait pas achevé, que M. Ingres bondit.

« Comment, monsieur, est-ce que vous voulez m'insulter ?... Vous ai-je donné le droit de me parler ainsi ? Suis-je un marchand ? est-ce que je vends mes conseils ?... Monsieur (dans ces cas-là, M. Ingres s'exaltait en parlant, et sa tête, comme dans les discussions d'art, devenait admirable d'expression), vous viendrez demain à l'atelier, ou je considérerai votre conduite comme une insulte personnelle... Et que jamais cette question ne revienne entre nous ! »

Lefèvre, en me racontant cette scène, avait les larmes aux yeux. « C'est que voilà deux mois, ajouta-t-il, que les croix d'honneur ne donnent pas. »

Depuis ce jour, sur l'ordre de M. Ingres, Le fèvre fut exempté de sa cotisation.

Bien d'autres le furent également.

IV

UN DINER CHEZ MON PÈRE.

Depuis quelque temps, mon père désirait avoir à dîner M. Ingres, et il pensa qu'il rendrait la réunion plus intéressante en invitant aussi M. Thiers et M. Mignet, qui commençaient à se faire connaître, M. Thiers par ses critiques d'art, M. Mignet par ses succès à l'Académie des inscriptions.

Ces deux hommes, que je n'ai pas perdus de vue depuis ma jeunesse, sont restés pour moi, à un demi-siècle de distance, les mêmes que je les voyais autrefois [1].

M. Thiers, à trente ans, me paraissait tout aussi peu jeune que je le trouve à l'heure qu'il est, n'étaient ses cheveux blanchis, et un peu plus d'embonpoint, qui ne lui sied pas mal.

M. Mignet, au contraire, a toujours pour moi

---

1. Ce chapitre était écrit en 1875; n'envisageant M. Thiers que comme critique d'art, je n'ai pas cru devoir y rien changer.

le même aspect juvénile qu'à cette époque reculée. Pour ceux qui m'accuseraient d'exagération un peu forte, je dirai qu'il y a quatre ou cinq ans, je marchais dans la rue derrière un homme dont la tournure élégante indiquait toute la force de l'âge, et me rappelait des souvenirs de ma jeunesse ; j'avançai : c'était en effet M. Mignet, que je n'avais pas vu depuis quelques années, et qui me plaisanta même, comme à son ordinaire, sur ma calvitie, en soulevant son chapeau et me montrant quelques boucles encore blondes.

Quant à leur caractère à chacun, il ne s'y est opéré de même aucun changement : l'un, vif, toujours sûr de son fait, d'une activité tout ambitieuse, et doué d'un aplomb excessif, cette force bien grande qui aplanit tant de difficultés, qui même, je serais tenté de le croire, a sa part dans le génie.

L'autre de ces hommes distingués, exceptionnellement beau, doux, affable, sans grandes passions, travailleur infatigable, entièrement livré à ses études, et qui, dans sa profonde sagesse, comprit qu'au lieu d'être en politique l'humble satellite de son ami, il pourrait briller tout seul d'un éclat bien vif en suivant une autre voie.

Je bornerai là cette appréciation. Je ne veux

m'occuper que de ce que je sais, ou du moins de ce que j'ai appris, et ne dirai rien de l'érudition de l'un et de la politique de l'autre. Mais M. Thiers a touché aux arts, il a écrit sur les expositions de peinture, il a été ministre, à ce titre le maître souverain des artistes ; j'ai donc le droit d'en parler, et, quelque respectueux que je puisse être pour un homme plus âgé que moi, il existe dans ses rapports avec M. Ingres quelques faits que je ne puis passer sous silence : le dîner entre autres, dont je vais parler, qui réunit deux hommes si peu faits pour se comprendre, et que je me rappelle comme si j'y étais. En rapprochant ces convives, mon père avait compté sans la vivacité de M. Thiers et le caractère intolérant de M. Ingres. Aussi le dîner fut-il très-agité, et l'orage ne tarda pas à éclater.

Il était difficile de supposer que, devant un artiste de la valeur de M. Ingres, auquel on reconnaissait généralement une science profonde, M. Thiers ne garderait pas au moins une certaine réserve. Il n'en fut rien. Il parla des maîtres italiens avec la légèreté qu'il met volontiers dans ses conversations, et, par contre, la façon dont il s'exprima sur le baron Gérard, pouvait faire supposer qu'il le plaçait au-dessus d'eux, et dans tous les cas bien au-dessus de M. Ingres.

Celui-ci écoutait, les yeux fixés sur M. Thiers,

laissant aller ce critique déjà fameux, n'ouvrant pas la bouche ; mais, depuis quelques instants, ses doigts frappaient sur la table, comme s'il eût joué un air de piano d'un mouvement précipité, et avec une impatience qu'il avait beaucoup de peine à dissimuler.

M. Thiers enfin, qui ne s'arrête pas facilement, entreprit Raphaël et développa cette thèse qu'il n'avait fait que des vierges, et que c'était son vrai titre de gloire.

« Que des vierges ! » s'écria alors M. Ingres, qui ne put plus se contenir, « que des vierges !... Certes on sait le respect, le culte que j'ai voué à cet homme divin ; on sait si j'admire tout ce qu'il a touché de son pinceau. Mais je donnerais toutes ses vierges, oui, monsieur, toutes... pour un morceau de la *Dispute*, de l'*École d'Athènes*, du *Parnasse*... Et les *Loges*, monsieur, et la *Farnésine !* il faudrait tout citer... »

J'étais fort ému ; je n'avais jamais entendu M. Ingres parler avec cette violence, et j'étais heureux de voir mon père, qui avait passé de longues années en Italie, se ranger à son avis.

Quant à M. Thiers, il ne fut pas un instant décontenancé. Il ne connaissait pas évidemment toutes les œuvres que M. Ingres citait, mais il avait pour lui la parole. M. Ingres n'avait que des mots sans suite, des exclamations, des gestes, des bras en l'air. Il ne pouvait pas lutter, mais il ne s'avoua pas vaincu.

Chacun sait ce que sont les discussions et comment elles finissent : on parla une heure, on cria beaucoup, et l'on se quitta, M. Thiers toujours convaincu que les vierges étaient le plus beau fleuron de la couronne de Raphaël ; M. Ingres, que le critique d'art ne savait pas seulement de quoi il était question.

Je profitai le lendemain d'une commission dont m'avait chargé ma cousine, madame Mazois, auprès de M. Ingres, pour juger par moi-même des suites de ce malencontreux dîner. Dans quel état le retrouvai-je ! Évidemment il n'avait pas dormi de la nuit, et je vis qu'il était encore tout plein de son sujet, car il m'aborda en me disant :

« Eh bien ! mon cher ami, vous l'avez entendu hier... Voilà les gens qui nous jugent, qui nous insultent... Sans avoir rien appris, rien vu, impudents et ignorants... S'il plaît un jour à un de ces messieurs de ramasser de la boue dans la rue et de nous la jeter à la figure... que nous reste-t-il à faire, à nous qui avons travaillé trente ans, étudié, comparé, qui arrivons devant le public avec une œuvre (il me montrait un portrait qu'il était en train de faire) qui, si elle n'est pas parfaite, mon Dieu ! je le sais bien, est au moins honnête, consciencieuse, faite avec le respect qu'on doit avoir de l'art... Eh bien! nous qui n'avons pas d'autre métier, qui ne savons pas écrire, qui ne pouvons pas leur répondre... qu'avons-nous à faire ?... » Alors, tirant son mouchoir de sa poche, et s'en frottant les deux joues : « Voilà, mon cher ami, voilà tout ce que nous pouvons faire... nous essuyer.... »

Il acheva en me disant : « Excusez-moi bien auprès de votre père, qui du reste était de mon avis, car il les connaît, ces grands hommes. Je n'ai pas pu retenir hier un mouvement de vivacité, un peu excessif peut-être ; mais j'avais à défendre la bonne cause, j'étais dans mon droit. »

J'attendis quelques instants qu'il fût calmé ; je le questionnai avec beaucoup de réserve sur le portrait qu'il était en train d'achever (le portrait du comte de Pastoret), je le félicitai d'avoir eu à peindre un costume dont les broderies ne faisaient aucun tort à la tête, l'habit de conseiller d'État étant alors brodé de soie noire sur noir : « Si c'eût été des palmes vertes ou bleues, comme à certains costumes officiels... » Il m'arrêta : « Je ne l'aurais pas fait... »

C'est ainsi qu'au moment de faire le portrait du duc d'Orléans, il insista pour que son costume de général fût sans broderie aucune, et fit bien rire le prince en lui demandant si même on ne pourrait pas remplacer les boutons de métal par des boutons en étoffe. « Pour cela, monsieur Ingres, c'est absolument impossible, » répondit le duc d'Orléans, qui fit plus tard des gorges chaudes de cette ignorance en matière d'uniforme.

Je vis qu'il était remis de son émotion, et je pensai que c'était le moment de lui parler de la commission que m'avait donnée madame Mazois : elle m'avait chargé de le prier de vouloir bien signer quelques dessins et un petit tableau, auxquels il avait négligé de mettre son nom en les offrant à son mari.

« Et vous les avez là ? »

Je les avais laissés dans l'antichambre ; il me pria de les aller chercher, me disant gracieusement qu'il les signerait très-volontiers.

Je revins avec deux dessins au lavis, un de petites dimensions, au bistre, je crois, et représentant les *Fiançailles de Raphaël avec la nièce du cardinal Bembo;* l'autre, avec un peu de coloration, et plus important, était l'esquisse du *Romulus rentrant à Rome avec les dépouilles opimes*, dont le tableau est actuellement à l'École des Beaux-Arts de Paris ; un portrait de femme à la mine de plomb ; enfin, un petit tableau, *Vénus blessée par Diomède* [1].

---

[1]. J'ai revu ce tableau chez mon excellent ami Asseline, que son goût pour les arts rend bien digne de posséder et d'apprécier une si belle œuvre.

Il examina tous ces ouvrages, qui étaient pour lui autant de souvenirs, avec un intérêt très-vif.

En voyant le petit tableau de *Vénus blessée*, qui n'était pas exempt de quelques bizarreries (les crinières des chevaux blancs du char d'Iris [1] et les roues du char étaient dorées), il me dit en souriant, et comme pour se défendre devant un élève :

« Oh ! cela... c'est un péché de jeunesse. »

Mais quand il vit le portrait de femme dessiné, je n'oublierai jamais son mouvement de recul et l'éclat de ses yeux. Enfin, au bout d'un instant : « Si j'ai fait quelque chose de bien dans ma vie, me dit-il, c'est ce dessin ; » et il le regarda longtemps, ne pouvant en détacher ses yeux.

Je ne m'explique pas comment je n'ai appris que longtemps après que ce portrait de femme était celui de la reine de Naples (Caroline Murat), probablement le croquis, l'idée première du grand portrait à l'huile qui fut exécuté, et qui a disparu on ne sait quand.

J'ai bien regretté de ne l'avoir pas su à l'époque où j'habitais Florence, car je fus accueilli par la reine avec tant de grâce et de bienveillance, qu'il m'eût été facile de la questionner sur

---

[1]. Les chevaux, dans l'esquisse d'Asseline, sont au repos. Ils sont cabrés dans la gravure au trait des œuvres d'Ingres.

le portrait qu'avait fait d'elle M. Ingres. Qui sait si quelques indications à ce sujet n'auraient pas pu mettre sur la trace de cette œuvre perdue? Si la peinture égalait la beauté du dessin, et cela est probable, car c'est à la même époque qu'il fit le portrait de madame de Vaucey, c'est une grande perte pour les artistes, un beau tableau de moins dans le musée du Louvre.

V

MADAME INGRES.

Après avoir assez longtemps dessiné d'après des gravures, j'étais passé à la *bosse*, comme on dit. J'en copiais une assez importante et difficile.

Il se produisit alors dans mes études un temps d'arrêt qui fut mal interprété par M. Ingres, et qui n'était probablement que l'effet de la difficulté que j'avais à comprendre ses conseils. Il l'attribua, bien à tort, au découragement que m'auraient causé les progrès très-grands de mon camarade et ami le capitaine d'état-major Maumet. Il était impossible de tomber plus à faux, et je fus plus tard bien étonné quand j'appris cette singulière supposition.

-Depuis que je dessinais d'après la bosse, j'entendais répéter à chaque instant le mot *demi-teinte*, et ce mot ne m'était pas expliqué.

Un plâtre, pour mes yeux, était une chose blanche dans la lumière, noire dans les ombres ; et ce qui est assez curieux, c'est qu'en effet les yeux non exercés ne distinguent pas ce que nous appelons le *modelé*, c'est-à-dire le passage de la lumière à l'ombre par la *demi-teinte*.

Aussi est-il à remarquer que c'est ce qui manque dans tous les peintres primitifs ; comme des enfants qu'ils étaient (en fait d'exécution, je m'entends), ils ne voyaient dans la nature que des surfaces presque plates, — des lumières et des ombres.

Lorsque plus tard j'enseignai à d'autres le peu que je savais, j'eus soin d'expliquer, et par des preuves palpables, ce qui m'avait autrefois bien embarrassé.

Je faisais une expérience bien simple lorsque je voulais démontrer à un élève que le contour d'un modèle en plâtre qui se détache sur un fond obscur et paraît lumineux est pourtant accompagné toujours d'une demi-teinte qui le fait tourner ; je plaçais derrière le plâtre une feuille de papier blanc, et tout à coup les contours qui semblaient complétement lumineux, se détachaient en vigueur.

Jamais l'idée de descendre à de pareilles expériences ne serait entrée dans l'esprit de M. Ingres, et je l'entendais toujours me dire : « Ce « n'est pas ça ; — ça manque de demi-teintes. » Mais qu'est-ce que pouvaient bien être ces fatales demi-teintes ?

Un beau jour, après m'être longtemps creusé la tête, peut-être par hasard, ou parce qu'un objet plus blanc que mon modèle s'était trouvé placé derrière, je mis sur mon dessin les premières demi-teintes, et je fus bien heureux quand M. Ingres, à la vue de mon travail, me dit : « C'est cela ; — vous voilà parti, c'est très-bien. »

Je racontai un jour ce fait devant un littérateur qui s'occupe spécialement des arts, et je le racontai probablement bien mal, car il en tira une conclusion absolument contraire. Je voulais prouver que les hommes d'un talent éminent n'étaient pas les plus aptes à donner les premiers conseils à des enfants, et qu'un professeur instruit, mais d'une intelligence ordinaire, suffit et vaut souvent mieux pour enseigner les premiers préceptes d'un art ou d'une science.

Il est bien difficile, en effet, que ces grands hommes puissent s'astreindre à mettre leur enseignement à la portée d'un commençant ; j'irai plus loin : l'influence que l'homme de génie entraîne avec lui, et qui s'impose de toute son autorité, est très-capable d'annihiler l'individualité de l'élève, et de le maintenir dans une étreinte qui ne laisse plus de jeu à sa personnalité. La preuve de ce que j'avance serait facile à faire : il suffirait de comparer les grands peintres, Raphaël, Michel-Ange, Titien, Paul Véronèse, avec leurs maîtres à eux, et les élèves qu'ils ont produits.

Je ne tardai pas longtemps à passer à la *nature*. Dessiner d'après le modèle, et peindre! voilà quelle était toute mon ambition. Mon premier désir fut satisfait. Mais que de difficultés nouvelles!

Ce que je voyais faire m'aidait, je dois le dire, beaucoup plus que les conseils du maître. J'avais des camarades bien plus avancés que moi : je les regardais travailler, je les questionnais. Les conseils de M. Ingres, ou plutôt ses paroles n'avaient trait qu'aux grands principes de l'art : *la ligne* et *les masses*, c'est-à-dire le mouvement du modèle saisi à l'instant en quelques traits, et l'absence de tout détail dans les parties de lumière et d'ombre, ou du moins des détails subordonnés à ces deux choses essentielles, la masse de lumière et la masse d'ombre.

Aussi nous recommandait-il à chaque instant de cligner les yeux en regardant la nature.

Quant à nos dessins, d'un coup d'ongle, car il ne prenait jamais notre crayon, il indiquait, en laissant une trace profonde, la ligne que nous avions mal copiée, et l'exactitude de cette correction faisait notre étonnement à tous.

Sa rapidité à indiquer les principales lignes d'un mouvement était vraiment prodigieuse. Il nous disait, je ne sais pas si le mot est de lui, qu'il fallait arriver à dessiner un homme qui tombe d'un toit. Je vis un jour qu'il aurait été capable de le faire.

Nous avions pour modèle une jeune garçon de dix à douze ans, admirablement beau. M. Ingres ne le connaissait pas et fut émerveillé en entrant à l'atelier.

Après l'avoir considéré assez longtemps : « Messieurs, nous dit-il, je vous demande la permission de mettre votre modèle dans une pose dont j'ai besoin et que je cherche. Veuillez me donner un morceau de papier. »

La pose était évidemment celle d'un jeune homme lançant une flèche, un Amour sans doute. Alors, devant nous, en un instant et en quelques coups de crayon, pendant que l'enfant posait sur une jambe, il fit un croquis de l'ensemble ; mais, comme la jambe en l'air changeait naturellement de place à chaque mouvement que faisait le modèle, M. Ingres en dessinait une autre, de façon que, dans le temps assez court que cet enfant put tenir la pose, il eut la merveilleuse habileté d'en achever l'ensemble et deux jambes de plus.

Son croquis terminé, il nous remercia et nous laissa tous dans l'admiration.

J'ai entendu, du reste, un mot d'Horace Vernet causant avec d'autres artistes :

« On prétend que je peins vite, leur disait-il; si vous aviez vu, comme moi, Ingres...! Je ne suis qu'une tortue. »

On s'explique difficilement qu'avec cette rapidité d'exécution l'œuvre d'Ingres ne soit pas encore plus considérable; mais il effaçait souvent, n'était jamais satisfait, pleurait comme un enfant devant sa toile, et peut-être cette facilité même lui faisait-elle recommencer ce dont il n'était pas content, sûr qu'il était de pouvoir, et bien vite, réparer le mal.

Et à ce propos, je me trouvais un jour à son atelier, où il m'avait fait venir pour je ne sais quel motif. Il travaillait au *Saint Symphorien*. Après quelques mots sur le sujet dont il voulait m'entretenir, il alla tout à coup prendre un dessin d'un de ses licteurs, le posa à terre, et à brûle-pourpoint me dit : « Regardez cela, comparez avec ce qui est dans le tableau, et dites-moi le mouvement qui vous plaît le mieux. »

La figure, dans le tableau, était faite, et je vis que le mouvement du dessin était un peu plus accentué. — Je me permis de lui dire, très-ému d'avoir une opinion à émettre, que la différence ne me paraissait pas assez sensible pour qu'il se décidât à recommencer, comme il venait de me le dire, une chose faite et si admirablement réussie.

« C'est égal, me répondit-il, le mouvement est « plus chaud sur le dessin ; voyez... » Et il se mettait dans la pose, ce qui ne laissait pas d'être assez comique : « Je la recommencerai. » C'était une figure plus grande que nature, et il la recommença.

J'ai dit un mot des chagrins, des désespoirs de M. Ingres quand il travaillait ; j'en eus la preuve un jour que je lui demandais s'il avait terminé un portrait à la mine de plomb, dont je connaissais l'original.

« Ah ! mon ami, s'écria-t-il, ne m'en parlez pas... c'est très-mauvais. — Je ne sais plus dessiner... je ne sais plus rien... Un portrait de femme ! rien au monde n'est plus difficile, c'est infaisable... Je vais essayer encore demain, car je le recommence... C'est à en pleurer. » Et les larmes lui venaient véritablement aux yeux.

Mais madame Ingres, avec son sang-froid : « Il est toujours comme cela, me dit-elle, il est fou... Laisse-moi donc tranquille ; je t'ai entendu cent fois me dire que tu ne savais plus rien... Je suis habituée à tes désespoirs. »

N'est-ce pas le moment de parler de cette femme qui, dans les plus grandes difficultés de la vie, fut toujours pour M. Ingres d'un si utile secours, qui supporta sans une plainte une existence souvent bien pénible, et n'eut pas même un instant la pensée de le détourner d'une voie qu'il suivait si résolûment, et qui semblait devoir être fermée à tout succès ?

« La peinture d'Ingres ne la regardait pas. Son devoir était de le soigner, de le tirer d'affaire. » Elle fut merveilleuse à ce point de vue-là.

Il y avait un côté maternel dans son affection pour son mari ; elle craignait pour lui, lorsqu'il sortait seul, les accidents, les voitures : elle le faisait marcher devant lorsqu'ils étaient ensemble. « Sans moi, il irait se jeter sous toutes les roues. »

Mais, si elle ne se mêlait pas de sa peinture, elle ne lui permettait pas, par contre, de se mêler du ménage. Comme tous les artistes d'alors, M. Ingres ne connaissait pas le prix de l'argent. Madame Ingres, qui n'en avait pas ou en avait bien peu, y tenait ; même, assez longtemps, elle ne lui mit dans sa bourse que bien juste ce qui lui était nécessaire : « S'il avait un louis dans sa poche, il le donnerait au premier mendiant qu'il rencontrerait. »

« Croiriez-vous, me disait-elle un jour, qu'il est

sorti furieux d'une boutique parce que je marchandais! — Il prétendait que c'était traiter le marchand comme un voleur.

— Et j'avais raison, » dit M. Ingres, qui était là.

« Avec cela qu'ils se gênent, ajouta-t-elle; aussi vous pensez si je le laisse dire. »

Jeune, elle avait dû être ce qu'on appelle vulgairement un beau brin de fille, plus grande que son mari, et assez forte. Dans le petit et merveilleux croquis qu'il fit d'elle, la physionomie est fine; mais, telle que je l'ai connue, il ne lui restait qu'un aspect bourgeois, dont la société des artistes au milieu desquels elle avait dû vivre n'avait pu lui rien ôter.

Pleine d'un esprit naturel assez agressif, elle avait des mots drôles et piquants, que M. Ingres tentait vainement d'adoucir. Son mariage fut des plus singuliers. Lorsque je retrouverai M. Ingres directeur de l'École de Rome, je le lui laisserai raconter, comme il le fit, le jour de son arrivée, dans le salon de l'Académie, devant les élèves et plusieurs amis.

Madame Ingres avait pour moi très-peu de sympathie. En général assez jalouse de l'affection de son mari, elle avait la réputation de ne l'avoir jamais laissé se lier avec ses confrères; elle le voulait pour elle seule.

Je ne crois pas que l'affection que M. Ingres
voulait bien me témoigner fût pour quelque chose
dans ses petites épigrammes. Je crois plutôt
qu'elle n'aimait pas, comme elle me le fit sentir,
les hommes du monde, les *lions* ; c'était le mot
d'alors. Et un jour, en s'adressant à moi, il est
vrai, sur le ton de la plaisanterie, et me toisant
de la tête aux pieds :

« Oh! vous... vous êtes un lion... Voyez Flandrin ; il sort dans la rue en casquette...

— Si, pour avoir le talent de Flandrin, lui répondis-je, il ne fallait que cela, je sortirais aussi
en casquette, et même nu-tête. Malheureusement
je crois que le costume n'y fait pas grand'chose. »

Elle sourit, et ce jour-là n'alla pas plus loin.
Nos petites escarmouches duraient peu : M. Ingres
prenait mon parti, et elle redevenait bonne
femme, grâce à quelque compliment, ou à mon
dévouement, qu'elle savait si profond, pour son
mari.

Pour compléter son portrait et donner une
idée exacte de l'abnégation dont elle fit preuve
toute sa vie, je ne peux mieux faire que de raconter une soirée que je passai chez elle à l'Institut, et où elle me donna le plus simplement du
monde quelques détails sur leur vie à tous deux
en Italie.

Voici comment je me trouvais ce soir-là chez

M. Ingres. A l'occasion du duel ridicule que lui avait proposé M. de ***, M. Ingres était venu me chercher pour être son témoin; ne me trouvant pas chez moi, et après m'avoir attendu assez longtemps, il m'invita par un mot à venir le voir le plus promptement possible. Mais, en s'en allant, il passa chez Lehmann, qu'il rencontra, et le chargea du rôle qu'il m'avait destiné.

Cette invitation m'avait troublé; elle était inusitée : aussi m'empressai-je de m'y rendre, et j'arrivai à l'Institut fort intrigué.

M. Ingres était en tête-à-tête avec madame Ingres; il se leva précipitamment à mon entrée et vint me prendre la main en me disant : « Merci, et pardon de vous avoir dérangé ; je n'ai plus besoin de vos services. »

Et comme je paraissais de plus en plus étonné : « Je vous prie, ajouta-t-il, de ne pas me questionner... Asseyez-vous et causons... » Et après une pause : « Eh bien ! que faites-vous maintenant ? »

Madame Ingres n'ouvrait pas la bouche. J'étais dans la position la plus embarrassante, et, si je n'eusse remarqué toutes les gracieusetés que me faisait son mari, j'aurais pu penser qu'il avait vu de moi quelque peinture où j'avais, bien sans le vouloir, fait acte de coloriste.

Enfin je me décidai à dire tout ce qui me passait de banalités par la tête ; je parlai probablement des difficultés qu'on éprouve pour réussir dans la carrière des arts, car madame Ingres quitta son ouvrage, et prenant la parole :

« Personne autant qu'Ingres n'a le droit de se plaindre. On ne sait pas... on aurait peine à croire la vie de privations, de misère qu'il a menée. »

Cette espèce d'apologie qui s'annonçait ainsi déplut à M. Ingres ; il fit signe à sa femme de ne pas continuer sur ce sujet.

« Ne parlons pas de tout cela, ajouta-t-il, c'est si loin !

— Comment ne pas en parler ? laisse-moi donc tranquille... Quand cela ne serait qu'une leçon pour Amaury... Eh bien ! oui, mon cher ami, nous avons connu la misère, et la plus complète... Croiriez-vous qu'à Florence, nous n'avions souvent pas de pain à la maison, et plus de crédit chez le boulanger ?... »

M. Ingres se tournait sur sa chaise ; madame Ingres continuait toujours :

« A l'époque où il faisait son *Vœu de Louis XIII*, n'ayant pas le moyen d'acheter ou de louer une échelle pour travailler au haut de son tableau, il avait été obligé d'ajuster lui-même une chaise sur quelques planches, et cela était si peu solide que, lorsqu'il lui venait une visite, j'étais obligée de la lui annoncer tout doucement, dans la crainte qu'un mouvement trop brusque pour la recevoir ne le fît tomber avec tout son échafaudage. Oui, mon ami, voilà comment nous avons passé vingt ans en Italie, et, dans le moment de notre plus grande détresse, il refusa de prendre un engagement qui lui assurait une fortune à la condition d'aller en Angleterre faire des portraits à la mine de plomb ; et j'ai été de son avis : il avait autre chose à faire. »

A ce moment, M. Ingres, qui avait renoncé à imposer silence à sa femme, entra tout naturellement dans la suite de ses idées, et se tournant vers moi :

« Vous m'avouerez, dit-il, qu'il m'était permis de croire que j'avais là... quelque chose de plus que des portraits à la mine de plomb, et que je pouvais même considérer cette proposition comme insultante... Enfin!... tout cela est fini... N'en parlons plus... On a l'air de faire un peu plus de cas de moi... j'ai de bons élèves qui continueront ma doctrine... celle des maîtres... Je n'ai plus à me plaindre. »

Certes, une existence pareille, supportée avec tant de courage, pour parvenir à un but si élevé, est d'un bien grand et bien noble exemple ; mais la femme qui l'a partagée avec tant d'abnégation, sans autre mobile que l'affection et la confiance dans le génie, cette femme ne peut manquer aussi d'avoir sa large part dans l'admiration de tous.

VI

PREMIERS ESSAIS DE PEINTURE.

Nous commencions, plusieurs de mes camarades et moi, à éprouver un désir très-grand de nous voir une palette à la main. Nous étions arrivés à faire passablement une figure dessinée, et M. Ingres ne parlait pas de peinture.

Le massier d'alors, brave garçon qui avait remplacé Pradier et qui avait déjà une certaine habileté acquise chez un autre maître, proposa à quelques-uns de nous de venir le dimanche dans l'atelier, dont il avait la clef, faire une étude peinte d'après un de nos camarades. Notre victime était un jeune garçon à la figure douce et blonde, fils de Pradier le graveur, et qui mourut tout jeune, sans avoir même achevé ses études.

Lorsque cette proposition nous fut faite, nous eûmes un mouvement de joie, et d'une joie où il y avait un peu du fruit défendu; aussi nous commençâmes tout de suite.

Je ne sais pas si les autres professeurs enseignent quelques procédés pour faciliter et abréger les premiers essais de leurs élèves ; mais, dans tous les conseils que j'avais entendu M. Ingres donner à mes camarades, je n'avais pas saisi un seul mot qui pût indiquer la marche à suivre, ou faire comprendre un seul côté du procédé matériel ; aussi je dus peindre cette première étude comme les maîtres les plus primitifs, presque comme l'inventeur.

Un jour que nous étions tous à l'ouvrage, la porte s'ouvre tout à coup, et M. Ingres paraît.

Étonnement de sa part, et grand embarras de la nôtre.

Le massier va à lui, et lui explique qu'ayant eu le désir de travailler le dimanche, il n'avait pas cru indiscret de nous ouvrir l'atelier.

« Mais comment donc ! dit M. Ingres, vous avez fort bien fait ; j'aime à voir cet amour du travail, et je vous en félicite, au contraire.

— Moi, dis-je en souriant un peu, j'ai peut-être commis seul une faute en cherchant à peindre sans votre autorisation.

— Pas du tout, mon garçon ; c'est très-bien à vous d'avoir cette petite ambition ; on ne peut se faire trop tôt à ce difficile métier, et vous êtes arrivé au point où cela vous est permis. Eh bien ! Messieurs, voyons un peu ce que vous faites. »

Il s'approcha alors de nos chevalets, en commençant par le massier, qui se trouvait le plus près de lui.

Comme il était plus avancé que nous, surtout au point de vue de l'exécution, peut-être M. Ingres fut-il plus exigeant et plus sévère. Il lui reprocha de ne pas copier servilement la nature. On comprendra que cette séance, où, pour la première fois, je touchais un pinceau, a dû me rester bien présente à l'esprit.

« Je vois là, dit-il, une tendance à l'adresse, au... je ne veux pas dire le mot... que l'on ne doit pas prononcer, que je ne veux pas qu'on prononce dans mon atelier. »

Et malgré cela, j'entendis très-bien le mot *chic* qui lui échappa.

« Prenez garde ; vous y tournez. — Vous indiquez là une chose que je ne vois pas. — Pourquoi la faire sentir? parce que vous savez qu'elle y est. — Vous avez appris l'anatomie ? — Ah ! oui ; — eh bien ! voilà où mène cette science affreuse, cette horrible chose, à laquelle je ne peux pas penser sans dégoût. — Si j'avais dû apprendre l'anatomie, moi, messieurs, je ne me serais pas fait peintre. — Copiez donc tout bonnement la nature, tout bêtement, et vous serez déjà quelque chose. »

Il s'avança vers moi. — « Eh bien ! voyez...

voilà Amaury qui ne sait rien, qui commence. — Regardez comme c'est naïf. — Ce n'est pas modelé, c'est vrai... Tout ce que vous voudrez ; mais c'est l'impression du modèle qu'il a rendue comme il a pu... Ah ! mon cher ami, conservez-la toujours, cette bienheureuse naïveté, cette charmante ignorance ! »

J'écoutais tout confus de plaisir, mais par-dessus tout bien étonné.

Qu'est devenue cette première étude ? Ne l'ai-je pas donnée à la mère de mon pauvre camarade lorsqu'il fut mort ? Je ne sais. — Dans tous les cas, je ne la regrette que comme un souvenir curieux. Sous tous les autres rapports, elle ne pouvait avoir que bien peu d'intérêt.

Nous continuâmes quelque temps nos études du dimanche, et M. Ingres nous permit enfin d'aborder la peinture avec les autres.

L'atelier, à l'époque dont je parle, était déjà composé d'un grand nombre d'élèves, parmi lesquels plusieurs se sont fait un nom : Sébastien Cornu, Joseph Guichard, que, malheureusement pour lui, les lauriers de Delacroix empêchèrent de dormir, car, à mon avis, son talent était bien plutôt d'un dessinateur que d'un coloriste. Son début au Salon fut des plus remarquables. —

Un portrait-étude de madame Jal restera comme une très-belle chose de forme et de modelé, mais sans la moindre recherche de la couleur. C'était un dessin légèrement colorié, mais un très-beau dessin. L'année suivante, au Salon, il exposa le *Rêve d'amour*, qui fit jeter les hauts cris à M. Ingres et le fit traiter d'apostat.

Nous avions aussi pour camarades deux frères, dont l'un est arrivé à une certaine illustration, et dont l'autre est resté assez effacé, je ne puis m'expliquer pourquoi, après un brillant début au Salon avec un charmant portrait de femme. Je veux parler des Étex. Le plus jeune faisait de la peinture; l'aîné sculptait, comme on sait, et il avait déjà, je crois, en travaillant à l'atelier de M. Ingres, quelque prétention à être plus universel qu'on ne l'est aujourd'hui. L'architecture même, plus tard, ne lui fut pas étrangère. Absolument comme Michel-Ange.

Un des élèves de l'atelier qui travaillaient avec le plus d'ardeur était Ziegler. Plus âgé que la plupart de nous, reçu avocat, ce qui nous inspirait beaucoup de respect, il avait un besoin de produire qui peut-être, à mon sens, lui fut nuisible.

Son ambition perçait déjà, si même il la cachait. Il avait passé bien plus rapidement que nous par tous les degrés de l'apprentissage, non qu'il fît beaucoup mieux, mais parce qu'il voulait peindre, et, quand il fut à la peinture, il voulut faire un tableau. Rien ne l'arrêtait.

Il me disait un jour : « Vous ! vous n'arriverez jamais. Voyez-vous, quand on veut arriver, on prend un gourdin, et on marche en avant, toujours, en abattant de droite et de gauche tous ceux qui se trouvent sur votre route. »

Cet homme grand, déjà énorme, à chevelure noire abondante et retombant sur un front bas, avait quelque chose d'effrayant à voir quand il marchait, indiquant du geste ce qu'il venait d'exprimer.

Il fit bien comme il avait dit alors ; mais, quand il fut maître du terrain, et qu'il fallut construire, peut-être s'aperçut-il que le talent, cette autre force aussi, lui faisait parfois défaut.

Je me souviens qu'à l'époque où il était encore à l'atelier, et quelques mois seulement après qu'il eut pris la palette, il me pria d'aller chez lui, où je fus bien étonné de voir un tableau assez important qu'il était en train de faire.

Le souvenir m'en est resté tout à fait charmant : le sujet était très-poétique, et surtout le geste d'un des personnages très-naïf et très-original. C'était la rencontre d'Apelles et de Laïs, dont ce célèbre peintre fut, d'après la tradition, le premier amant.

Les yeux baissés, le coude appuyé sur une fontaine dont l'eau avait empli sa cruche qui débordait, Laïs avait une pose d'une innocence un peu affectée et très-spirituellement exprimée. De l'autre côté, Apelles, le corps penché vers elle et sa main près du bras de la jeune fille, la touchait légèrement du petit doigt.

Tout cela, avec le style, le goût et la fantaisie d'Hamon, eût été une ravissante chose; mais la figure de la femme avait plutôt le sentiment gothique ; la tête seule d'Apelles était tout à fait réussie.

Tel qu'il était, ce tableau me ravit, et il eut assez longtemps une grande réputation parmi nous. Il exécuta ensuite un tableau de femmes chinoises qui fit bondir M. Ingres. Plus tard, il arriva à une exécution plus bruyante que brillante, et son *Saint Georges*, que je vis chez lui, m'éblouit par l'éclat des armures, d'une façon si désagréable, que je ne pus m'empêcher de lui en faire l'observation.

« Vous verrez cela au Salon, me dit-il ; ce ne sera que juste. »

J'avoue que je ne m'étais jamais imaginé qu'on dût travailler pour le Salon, et je fus choqué dans ma naïveté. J'en ai vu bien d'autres depuis !

Il avait toujours, en travaillant, une arrière-pensée, et calculait le choix de ses sujets et la façon de les exécuter en vue de quelque travail dont les projets pointaient dans les ministères. Comme il ne me redoutait sous aucun rapport, il se laissait aller assez facilement à me faire ses confidences, et quand, un jour, au Salon, je lui demandai par quelle singulière idée il avait exécuté un apôtre dans des dimensions colossales, il me regarda en souriant, et me répondit : « Mais vous ne savez donc pas qu'on doit peindre la Madeleine ! »

J'ai toujours admiré ces natures-là, peut-être parce que j'en étais bien complétement l'opposé ; et de plus j'avais pour Ziegler une vraie affection, qu'il me rendait avec une petite nuance de protection dont je ne me blessais pas le moins du monde. Son imagination si vive, le feu de sa parole, son érudition avaient pour moi un attrait dont je ne pouvais me défendre, et qui me faisait supporter patiemment sa susceptibilité si chatouilleuse pour tout ce qui touchait à notre art. Aussi me fallait-il une certaine habileté pour louvoyer à côté de ce caractère difficile, et je dois dire que peu y réussissaient.

Mes absences fréquentes de Paris rendirent nos rapports beaucoup moins suivis. Au retour d'un de mes voyages en Italie, j'appris que sa santé s'affaiblissait, mais je ne pouvais penser que cette nature puissante, ce corps robuste, seraient si rapidement détruits ; aussi est-ce avec un grand étonnement et un vrai chagrin que je reçus un jour une invitation à me rendre dans je ne sais quelle petite chapelle tendue de noir, où quelques personnes seulement, et, dans ce petit nombre, M. Granier de Cassagnac, venaient dire un dernier adieu à cet homme distingué qui avait été mon camarade et mon ami.

VII

L'ATELIER DES ÉLÈVES.

J'ai parlé de l'antipathie de M. Ingres pour l'anatomie ; voici ce qui nous arriva un jour à propos d'un squelette.

Tous les élèves de l'atelier n'étaient pas, comme on aurait pu le croire, également soumis à la puissance d'influence du maître. Il y avait, comme partout, une petite opposition, bien sourde à la vérité, mais qui se manifestait par des mots que deux ou trois excentriques lançaient de temps en temps ; ils se posaient en ennemis des routes battues, sentiment très-louable à la condition qu'on trouvera une voie aussi belle et aussi sûre. D'autres, au contraire, voyaient avec peine que le maître s'éloignait des principes d'éducation ordinaires, et, depuis quelque temps, j'entendais parler d'anatomie, de squelette, et exprimer le désir qu'il y en eût un dans l'atelier.

Cette proposition gagnait du terrain ; le centre

gauche, comme toujours, se laissait entraîner par l'extrême gauche, et, quand un jour le massier vint annoncer officiellement que M. Ingres autorisait l'achat d'un squelette, je fus seul à représenter l'extrême droite.

Je fis un petit discours, qui fut hué naturellement, et dans lequel je disais que, ne comptant jamais faire usage du squelette, m'engageant même à ne jamais le regarder, je me refusais absolument à toute espèce de cotisation. J'ajoutai : « Comme je suis sûr que le squelette ne restera pas quinze jours à l'atelier, je vous adjure, au nom de l'économie et dans l'intérêt de votre bourse, de ne pas vous livrer à une aussi monstrueuse dépense. »

Je m'empressai de m'échapper, pour n'être pas enterré sous les boulettes de pain et autres projectiles.

La cotisation marcha son train : le squelette fut acheté, et accroché un beau matin dans un coin de l'atelier.

M. Ingres vint donner sa leçon comme à l'ordinaire. Le squelette étant placé dans la partie la plus obscure de l'atelier, il ne le vit pas tout d'abord ; mais, quand il s'approcha pour corriger un de nos camarades qui en était tout près (je suivais le maître des yeux), je vis un véritable sentiment d'effroi se peindre sur sa figure, et, au moment où il corrigea l'élève placé devant le squelette, il avait tout à fait l'apparence d'un homme tournant le dos à une cheminée dont le feu trop ardent lui brûle les jambes. L'élève ainsi placé eut des conseils abrégés.

Les jours suivants, même scène, avec cette différence que l'élève placé près du squelette n'eut pas de conseils du tout.

J'avais donné quinze jours ; j'avais fait la part trop grande. La semaine suivante, le massier vint annoncer aux élèves que M. Ingres ne mettrait plus les pieds à l'atelier tant que cette horreur y serait accrochée.

Je dois ajouter que je triomphai avec la plus grande modestie.

Cette répulsion pour tout ce qui est hideux, ou seulement laid, M. Ingres la portait à un point dont on se ferait difficilement l'idée.

On m'a raconté que, pendant qu'il habitait Rome, un mendiant avait élu domicile sur la route de Tivoli, et implorait la charité en étalant d'horribles plaies aux yeux des passants. Lorsque M. Ingres dirigeait sa promenade du côté de ce beau site, et qu'il approchait du malheureux, madame Ingres s'empressait de jeter son châle sur la tête de son mari, et le conduisait par la main jusqu'à ce qu'ils eussent dépassé de beaucoup le pauvre estropié.

Je me souviens d'une soirée au Théâtre-Français. On jouait la traduction d'*Œdipe* par Lacroix, ce chef-d'œuvre qui n'eut qu'un médiocre succès, mais dont Geffroy jouait le principal rôle en grand artiste.

M. Ingres était au balcon, et j'observai avec le plus vif intérêt les émotions qui l'agitaient, et dont il n'était pas le maître. C'étaient des yeux au ciel, des bras en l'air; il applaudissait des pieds et des mains, il se penchait en dehors du balcon, criant bravo à Geffroy. Mais, au dernier acte, quand Œdipe sort de son palais les yeux crevés, et descend les marches en se servant du mur comme point d'appui, M. Ingres fit un mouvement d'horreur, se rejeta vivement en arrière, la main sur les yeux, et entendit la fin de la pièce sans plus regarder un instant du côté de la scène.

Je lui vis ressentir un soir à l'Opéra une impression de ce genre, mais moins dramatique. Il m'aperçut dans le couloir de l'orchestre, et, une stalle se trouvant vide auprès de lui, il me fit signe de la venir prendre.

On donnait *Guillaume Tell*. Le rideau se leva, et, quoique M. Ingres préférât de beaucoup la musique ancienne (ce qui avait fait dire à David : « Ingres est fou, d'abord il aime Gluck »), cependant il se laissait aller à une émotion de plaisir

en écoutant ces mélodies si charmantes et si
sensuelles. Mais, quand Duprez commença à
chanter, je vis M. Ingres se démener dans sa
stalle, passer la main sur sa figure, détourner la
tête. Je crus que la voix de Duprez lui déplaisait,
ou l'air même ; aussi je lui demandai, assez timidement, s'il n'aimait pas le talent de Duprez.
« Au contraire, me répondit-il ; une émission de
voix admirable ! un style superbe ! mais... regardez... voyez... cet écartement des yeux ! »
Je fis tous mes efforts pour garder mon sérieux.

Puisque je viens de parler, au commencement
de ce chapitre, d'une scène de l'atelier, c'est
peut-être le moment de raconter la vie que nous
y menions.

Quoiqu'il régnât, comme je l'ai dit, dans l'a-
telier de M. Ingres, un ton généralement meilleur que dans les autres ; quoiqu'on ne fît pas
aux nouveaux arrivés ces charges de mauvais
goût, et quelquefois même assez graves, qu
étaient de fondation partout ailleurs, notre
atelier était cependant fort gai, et les plaisanteries très-amusantes. On ne sait pas ce qui se
perd dans une matinée de mots spirituels qui
naissent d'une circonstance futile et qui, recueillis, feraient la joie des lecteurs des petits
journaux. Malheureusement les attaques et les

ripostes sont si rapides, les coups si nombreux, qu'il est impossible, en sortant de l'atelier, d'en conserver le moindre souvenir.

La musique aussi, cette seconde passion des peintres, jouait un assez grand rôle pendant notre travail. La voix naturellement était notre seul instrument, mais juste en général, et la mémoire musicale très-exacte.

Je ne sais si on a expliqué par quel singulier effet d'organisation il n'existe pas un peintre qui n'ait l'amour de la musique et l'oreille juste, et cela sans exception; et par contre, pas un poëte à qui elle ne soit plus ou moins odieuse.

Nous avons constaté ce fait assez curieux, Reber et moi, sans avoir pu nous en rendre exactement compte.

C'était presque toujours l'opéra nouveau qui donnait le branle. On le discutait, et alors chacun, pour prouver le mérite du morceau qu'il préférait, se mettait à le chanter ; un autre entonnait le morceau suivant, et tout l'opéra y passait. Comme les gens qui aiment un art sans l'avoir étudié, ou sans avoir au moins comparé, nous aimions toutes les musiques, et nous passions sans scrupule d'un air d'Adam à l'andante de la symphonie en *la*. Notre goût était loin d'être formé, mais il était très-vif.

La séance du modèle se passait donc fort

agréablement, et, n'étaient les désespoirs fréquents devant la difficulté, et les remontrances assez vives de M. Ingres, je ne crois pas que, dans la vie, on trouve jamais un instant plus complétement exempt de vrais soucis que le temps passé à l'apprentissage du métier d'artiste. Les commencements mêmes ont un intérêt et un charme très-grands. On se crée les plus folles illusions, les plus hautes espérances, sans avoir, comme plus tard, la responsabilité de son œuvre devant un public souvent sévère. Aussi, rien de moins étonnant que cette quantité innombrable d'artistes en herbe, et la réglementation nouvelle de l'École des Beaux-Arts n'est pas faite pour la diminuer.

Le modèle arrivait en été à sept heures, posait jusqu'à midi ; en hiver, de huit heures à une heure, avec un quart d'heure de repos toutes les heures. Quatre francs pour les femmes, trois francs pour les hommes, tels étaient les prix d'alors.

Puisque j'ai prononcé le mot de *modèle*, je vais tâcher de donner l'idée de ce genre de métier aux gens du monde, qui en ont une généralement très-fausse.

Je parlerai peu des hommes, quoique le type de ces modèles fût assez curieux dans ce temps-là. Cadamour, Sévaux et le fameux Dubosc, qui voulut, dit-on, fonder sous son nom un prix à l'École des Beaux-Arts [1], sont restés célèbres. Plusieurs posaient de père en fils, comme les Koth, et, par conséquent, connaissaient à fond le métier, qui est très-dur et fort difficile. On ne sait pas la valeur d'un modèle qui comprend le mouvement que vous désirez, et qui sait le rendre. —

Et puis ces hommes, presque toujours en contact avec les artistes, étaient assez curieux dans les récits qu'ils faisaient des mots, des habitudes, des manies des peintres célèbres pour lesquels ils avaient posé.

Quelques-uns avaient un vrai fanatisme pour certains artistes illustres. Un de ces modèles conservait une botte *à monsieur Girodet*. « Il me l'avait donnée, nous disait-il, pour y mettre un béquet; je n'ai pas eu le courage de la lui rendre... C'est peut-être mal... Et depuis qu'il est mort, je l'ai mise sous verre dans mon armoire. »

Nous demandions un jour à ce même individu comment il passait ses soirées.

« C'est bien simple, répondit-il ; quand je rentre le soir, je me fais mettre dans un verre moitié eau, moitié eau-de-vie... plus de l'une que de

---

1. Ces lignes étaient écrites quand j'ai appris par les journaux la mort de Dubosc et la donation qu'il a faite en effet à l'Institut pour la fondation d'un prix en faveur des jeunes artistes.

l'autre... et ma fille me lit Jean-Jacques Rousseau.

— Ah! et qu'est-ce qu'elle vous lit en ce moment?

— Nous en sommes au *Dictionnaire de musique.* »
On juge de nos rires.

Je reçus un jour d'un modèle la lettre suivante. Elle me parut si plaisante que je la conservai ; l'écriture en est très-belle.

« Monsieur,

« L'exposition des Beaux-Arts vient aujourd'hui par ses membres les plus aptes d'ajouter un nouveau fleuron à votre couronne d'artiste, en vous délivrant en face du monde entier une médaille de deuxième classe.

« Excusez le soussigné Bournay, 76 rue de Lévis à Batignol, s'il vient vous en faire ses compliments de condoléances et cherche à se faire connaître comme modèle, pour vous demander à passer de votre palette sur vos toiles d'où sont déjà sortis tant de chefs d'œuvres, au moyen de vos pinceaux dirigés par une main habile.

« Ah! monsieur au nom de ces mêmes chefs d'œuvres ne repoussez pas sa demande car il a un bien grand besoin de travailler se trouvant dans le dénuement le plus complet.

« Agé de 59 ans, il a une barbe longue de

27 centimètres et des cheveux assez touffus, il espère tout de votre bonté en lui donnant séance, vous lui rendrez un si grand service qu'il ne sortira jamais de sa mémoire.

« Il a l'honneur d'être

« votre serviteur

« BOURNAY. »

Je n'ai pas besoin d'ajouter qu'après avoir un peu ri de cette missive, je fus touché de la misère de ce brave homme, et le fis tout de suite travailler.

Nous voyions commencer ces modèles tout jeunes, tout frais, et j'en ai retrouvé finissant leur carrière en posant des saints à barbe blanche.

Aujourd'hui, ce genre d'industrie a beaucoup baissé, et le tableau de genre achèvera sa ruine.

Quant aux modèles de femmes, le sujet est plus scabreux ; j'essayerai pourtant de prouver aux gens du monde qu'ils se font de ces *poseuses*, comme ils disent, des idées exagérées et très-peu exactes.

On croit généralement qu'une femme qui pose est fort au-dessous d'une fille des rues. Les dames se voilent la face quand elles en entendent parler.

« En plein jour ! s'écrient-elles ; devant trente jeunes gens ! c'est à n'y pas croire ! » Et je les étonnerais beaucoup, si je leur disais qu'à l'époque dont je parle, c'est-à-dire quand le métier de modèle était un vrai métier, et non pas un accessoire, comme à présent, j'ai rencontré et j'ai eu pour modèles des jeunes filles d'une honnêteté relative fort étrange, et souvent inattaquable.

Je ne vais pas m'ériger en champion de cette classe de femmes, qui n'est pas indigne cependant d'un certain intérêt, et je n'essaierai pas de les réhabiliter ; mais je veux faire comprendre seulement la possibilité d'une certaine vertu de leur part.

En général, ces jeunes filles commençaient le métier de modèle à un âge où le sentiment de la pudeur n'existe pas encore, et elles en prenaient l'habitude sans s'en apercevoir. Quant à celles qui débutaient plus tard, souvent poussées par la misère, presque toutes m'ont avoué que leur première émotion durait bien peu devant l'attitude sérieuse du peintre. Elles sentaient tout de suite qu'elles n'étaient pour lui qu'une chose dont il admirait la beauté, de la même façon qu'il eût admiré une œuvre d'art.

En effet, pour nous, la vue d'une jeune fille nue, sur la table de modèles, en plein jour, est tellement dépourvue de toute impression sensuelle, que le modèle comprend du premier coup qu'elle n'a affaire qu'à un peintre, pas le moins du monde à un homme; et je pourrais ajouter comme preuve la difficulté qu'on avait à les décider à poser devant ce qu'elles nommaient un *bourgeois*, si même on y parvenait.

Plus la beauté est grande, plus l'admiration du peintre éteint en lui ce qui n'est pas tout à fait pur et élevé. Je crois cependant qu'on trouverait des exceptions chez les artistes, mais jamais chez les meilleurs.

Une charmante fille qui posait pour M. Ingres, me disait un jour : « Si vous saviez tous les cris d'admiration qu'il pousse quand je travaille chez lui!... j'en deviens toute honteuse... Et quand je m'en vais, il me reconduit jusqu'à la porte, et me dit : « Adieu, ma belle enfant; » et me baise la main... »

N'est-ce pas le culte épuré du beau?

Il y avait, à l'époque reculée dont je parle, un modèle très-célèbre et tout à fait joli, dans la nature de la *Vénus de Médicis*. Je ne sais pas un élève qui ne fût épris d'elle. Des amateurs, les riches ceux-là, lui faisaient des offres qui dépassaient de beaucoup son gain ordinaire; pas un ne put franchir le seuil de sa petite chambre de la cour du Commerce. Un jeune étudiant en médecine avait seul ce droit. — Elle pouvait gagner huit francs par jour, et il devait ajouter bien peu à cette somme. Eh bien! j'oserais répondre que ce jeune carabin pouvait être sûr de la fidélité de cette jeune et jolie fille, qui venait tous les jours se montrer nue à quarante ou cinquante jeunes gens. Et elle n'était pas une exception. Je parle toujours de mon temps.

Je ne veux pas m'étendre sur ce sujet plus qu'il ne faut. Je voudrais cependant dire quelques mots encore d'un fait qui me revient en mémoire, et dont j'ai été témoin. Ce fait que j'ai raconté aux frères de Goncourt, et qu'ils ont cité dans un de leurs romans, prouvera d'une manière bien évidente, je crois, à quel point inouï nos modèles, dans l'exercice de leur métier, peuvent cesser de nous envisager comme des hommes, pour ne plus voir en nous que des artistes au travail.

Une jeune fille de seize ans, tout à fait charmante, posait à l'atelier. Nous étions trente, à peu près, à travailler d'après elle. Je vois encore la pose, et je retrouverais l'étude que je me rappelle avoir gardée.

Nous entendons tout à coup pousser un cri; nous voyons cette jeune fille se jeter en bas de la table du modèle, prendre tous ses vêtements, sous lesquels elle se cache à la hâte comme elle peut, et nous ne comprenons la cause de cette émotion que lorsqu'elle nous montre du doigt la fenêtre, où un homme, un couvreur qui réparait la maison, avait appliqué sa figure pour regarder dans l'intérieur. Tant qu'il fut là, rien ne put la décider à remonter sur la table. Il fallut charger le portier de renvoyer cet indiscret, que nos gestes ne faisaient pas bouger. Pendant tout le reste de la séance, elle ne cessa de tourner avec inquiétude les yeux du côté de la fenêtre.

Je sais que, depuis cette époque, les mœurs des modèles ont changé. Elles se recrutent un peu partout, et quittent assez volontiers cet état pour un autre plus lucratif.

Il en reste cependant encore qui conservent les vraies traditions d'autrefois. Je pourrais en nommer une bien connue des artistes, et qu'ils reconnaîtront facilement, quand je dirai qu'à force d'ordre et d'économie elle est parvenue, uniquement par son travail, à se créer un petit avoir, qui pourra la mettre plus tard à l'abri du besoin, et qu'elle a eu l'esprit, pendant qu'elle exerçait consciencieusement son métier, de se faire donner par tous ses artistes, qui y mettaient beaucoup de bonne grâce, un grand nombre de ces petites esquisses, de ces croquis qui traînent dans nos ateliers. Elle a fait restaurer, encadrer toutes ces toiles, quelquefois en assez mauvais état, et a arrangé elle-même avec beaucoup de goût et de soin son petit musée, dont rien ne pourrait la séparer, et qui renferme véritablement des choses charmantes, signées d'artistes distingués.

Une autre de nos modèles, brave et honnête fille retirée en province, a eu un jour l'honneur de s'entendre adresser, à l'église, du haut de la chaire, un éloge bien mérité pour son dévouement et son rare courage pendant une épidémie.

Je maintiens donc que beaucoup de celles qui ont pris leur métier au sérieux, qui l'ont continué avec courage tant qu'elles ont pu, sans mériter la couronne des rosières, civiles ou autres, valent infiniment mieux qu'on ne le croit généralement; qu'il y en a de très-dévouées aux peintres qui les emploient, très-reconnaissantes, et tout à fait dignes d'intérêt.

Nos séances à l'atelier se terminaient vers le milieu de la journée ; nous étions libres, le reste du temps, ou d'aller au Louvre faire des croquis et des copies d'après les maîtres, ou de suivre les cours de l'École des Beaux-Arts, qui commençaient vers quatre heures, je crois.

M. Ingres ne manquait jamais de dire à ceux qui allaient au Louvre : « Allez tout droit au fond, sans vous arrêter, et, pour passer dans certaines galeries... mettez-vous des œillères comme aux chevaux [1]. »

Les copies du reste étaient peu de son goût. « Faites de simples croquis d'après les maîtres, nous disait-il ; c'est un moyen de les regarder avec soin, de les bien étudier. Mais à quoi bon perdre son temps à reproduire un tableau, ce qui peut se faire avec de la patience. Pendant que vous cherchez le procédé, vous perdez de vue l'important, ce qui constitue en un mot le chef-d'œuvre. »

M. Ingres, en effet, n'a exécuté que deux copies : une, obligatoire de par le règlement de l'École de Rome, était le *Mercure de la Farnésine ;* l'autre, la *Vénus de la Tribune* de Florence. Je dois ajouter que ces deux copies se reconnaissent à dix pas pour des œuvres de M. Ingres.

Aussi, lorsque M. Thiers eut l'idée malheureuse de faire un musée de copies, je ne cessais de répéter : « Ou elles seront exécutées par des hommes d'un talent hors ligne, et elles se ressentiront toujours de la manière du copiste : dans ce cas, un original de lui serait plus précieux ; ou elles seront faites par des peintres médiocres,

---

1. Les Raphaëls, à cette époque, étaient placés tout au fond de la longue galerie du Louvre ; pour y arriver, il fallait passer devant les Rubens.

qui pourront y mettre une certaine exactitude, mais qui n'inspireront aucune confiance. »

Quant aux fresques, le doute ne saurait exister. Elles ne peuvent être vues qu'à leur place, sous le ciel où elles ont été produites. Elles font toujours partie d'un ensemble qui ajoute souvent à leur valeur, et que l'on ne peut leur enlever sans leur retirer aussi une grande partie de leur beauté.

Je me souviens d'une copie qu'un élève de Rome avait envoyée à Paris. Je l'avais vue à côté de l'original ; elle était d'une exactitude parfaite. Le public et les critiques d'art accablèrent de dédains cette malheureuse copie et son auteur ; moi-même, je l'avoue, je ne la reconnus pas à l'École des Beaux-Arts : je compris alors l'absurdité de déplacer des chefs-d'œuvre, qui, transportés dans un autre milieu, paraissent s'amoindrir, s'étioler comme les fleurs des pays chauds enfermées dans nos serres.

Promenez-vous dans la galerie des *Loges*, au Vatican ; est-ce seulement les peintures de Raphaël qui vous ravissent, vous transportent? Mais elles sont très-exactement copiées à l'École des Beaux-Arts, et vous n'allez pas les voir. Non, ce n'est pas là seulement Raphaël qui vous charme ; c'est tout un ensemble, c'est le ciel, c'est la campagne de Rome, les montagnes d'Albano, dont on aperçoit un coin à travers un malencontreux vitrage ; la dégradation même des piliers et d'une partie des peintures y ajoute l'intérêt de la ruine. C'est ce long escalier aux larges marches, que vous avez monté par un soleil brûlant et sous un ciel d'un bleu intense ; ces belles Transtévérines, à l'allure si fière, que vous avez coudoyées, et dont la beauté vous prépare à l'admiration des chefs-d'œuvre qu'elles ont inspirés... Mais descendez d'un fiacre dans la petite rue noire de l'École des Beaux-Arts ; allez regarder les copies des frères Balze, faites avec tout le soin et le talent possibles, et tâchez de reconnaître la galerie des *Loges* et d'y retrouver vos impressions !

VIII

L'ATELIER DU MAÎTRE.

M. Ingres, lorsqu'il venait de terminer un ouvrage, nous invitait assez habituellement à visiter son atelier.

C'étaient pour nous de vraies fêtes, auxquelles nous ne manquions pas de nous rendre ; c'était de plus un véritable enseignement.

Je n'ai oublié aucune de ces visites, mais la première surtout est restée bien présente à mon souvenir.

Avant de citer la conversation que j'entendis ce jour-là et les paroles de M. Ingres, que je n'ai point oubliées, je ferai l'examen des ouvrages qui se trouvaient dans son atelier.

C'étaient d'abord, sur le chevalet, son *Œdipe*, un petit *Henri IV jouant avec ses enfants*, puis son prix de Rome, une *Stratonice*, et une étude de jeune fille.

La *Stratonice* n'était pas celle qui appartint plus tard au duc d'Orléans. Celle-ci était plus grande, les figures presque demi-nature, les personnages moins nombreux, l'aspect du tableau très-sombre. J'ai vu depuis un dessin à la mine de plomb que M. Ingres avait donné à Girodet, et qui était évidemment l'idée première ou la copie de ce tableau.

Pourquoi était-il dans son atelier ? Qu'est-il devenu ? Je l'ignore, et ne l'ai jamais revu à aucune de ses expositions. Peut-être avait-il voulu y faire les mêmes retouches qu'à son prix de Rome.

Ceci est curieux.

Les artistes savent que, dans l'école de David, on peignait les ombres par glacis[1], laissant presque apparaître la toile.

M. Ingres, probablement sous l'influence de son professeur, ou peut-être par la tendance qu'on a malgré soi à faire comme ceux qui vous entourent, avait peint de cette façon ses premiers ouvrages.

Une étude plus approfondie des maîtres et de leur exécution lui fit changer en Italie cette manière de peindre, et il avait pris en une telle horreur les ombres transparentes, qu'il avait fait apporter de l'École des Beaux-Arts son prix de

---

1. Ce que nous appelons glacis s'obtient avec des couleurs diaphanes, qui, mises sur un autre ton, tout en le laissant transparaître, lui donnent plus d'éclat. — Le mot *frottis* conviendrait mieux dans le cas que je viens d'indiquer.

Rome, dans l'intention de reprendre toutes les parties d'ombre et de les *empâter* [1].

Un de ses mots était : « Messieurs, mettez du blanc dans les ombres. »

Sur les murs de l'atelier, je remarquai plusieurs autres ouvrages.

A la paroi du fond était accrochée, sans cadre, sa *Vénus Anadyomène;* j'avoue qu'il existe peu de choses qui m'aient produit une aussi vive émotion que la vue de ce tableau. Il me sembla que c'était ainsi que devait être la peinture d'Apelles.

Le ciel était d'un ton bleuâtre plutôt que bleu; toute la figure avait cet aspect si attrayant de l'ébauche, les Amours à peine indiqués, mais charmants.

Je ne crois pas que le souvenir me trompe, et je vois encore ce tableau devant mes yeux, tel qu'il était à son atelier. Depuis, qu'est-il arrivé ?

Aujourd'hui, le ciel est d'un bleu foncé, presque noir, sur lequel la Vénus se détache en lumière vive, et, quand je l'ai vue pour la première fois, le passage du ton du ciel à celui de la figure était à peine sensible. M. Ingres avait-il perdu

---

[1]. Mettre du blanc dans les couleurs dont on se sert : le blanc, étant une couleur opaque, mélangé avec d'autres couleurs, en fait une espèce de *pâte*.

cette naïveté qu'il me vantait, lorsqu'il acheva ce tableau commencé dans sa jeunesse?

Ainsi pour la *Source*. Il y avait dans un coin de son atelier une figure de jeune fille peinte sur une toile jaunâtre, qui était restée comme fond.

Rien ne peut donner l'idée de cette étude d'après nature, qu'il fit, je crois, après avoir ébauché déjà sa *Vénus*, car elle fut exécutée à Florence, où il ne passa que quelques années après son séjour à Rome, et la *Vénus* est de 1808. C'était, du reste, la même pose : une jeune fille tenant de ses deux mains ses cheveux, qu'elle tord.

Cette peinture avait tous les caractères d'une étude d'après nature, car les détails les plus intimes n'avaient pas été omis. Mais quelle beauté! et dans l'exécution une telle simplicité, qu'on aurait pu supposer qu'elle avait été faite d'un jet, dans une seule séance.

Et cela est devenu la *Source*, où il a changé la pose des bras en lui faisant tenir une urne, et alourdi les extrémités en voulant leur ôter peut-être un côté trop réaliste. Le torse seul est resté intact. Mais quelle perte! et qu'on serait heureux, si on pouvait retrouver sous ces retouches faites à un âge avancé la merveille que j'ai admirée alors!

Il avait ajouté à son *Œdipe* un petit personnage

qui s'enfuit effrayé. Je trouvai, et je crois que j'eus le courage de le lui dire, que cette figure ôtait au terrible tête-à-tête son côté saisissant, qu'elle rassurait pour ainsi dire le spectateur ; dans tous les cas, M. Ingres l'a laissée. Je me rappelle qu'il la trouvait assez *poussinesque*. Il a amélioré, je crois, le geste et l'expression du Sphinx.

Dans le petit tableau d'*Henri IV et ses enfants*, il avait refait l'ambassadeur, et nous le montrait avec complaisance, en faisant remarquer qu'il « était d'un assez beau ton ».

A gauche, sur le mur, était le *Virgile*. Mais c'est un souvenir bien vague que celui que j'ai gardé de cette toile. L'aspect m'en parut absoment sombre. — Le tableau était-il dans son entier ? — Dans tous les cas, les figures étaient grandes comme nature. Depuis j'ai vu, à son exposition des Beaux-Arts, un fragment qui appartient, je crois, à la Belgique. Était-ce ce fragment ?

Le sort de cette toile m'a bien longtemps intrigué et me préoccupe encore. Je n'ai trouvé personne qui l'ait vue : elle a été faite pourtant, puisqu'elle était au palais du général Miollis, qui l'avait commandée. Lehmann m'a dit que M. Ingres l'avait rachetée à Rome : ce ne peut être que lorsqu'il était directeur de l'École : alors ce que j'ai vu n'était pas le tableau ; et le tableau, où est-il ?

J'ai cru devoir appeler l'attention sur ce fait, espérant que les amis de M. Ingres qui ont vécu plus que moi dans son intimité pourront éclaircir ce mystère, d'autant plus intéressant que c'est d'un chef-d'œuvre qu'il s'agit.

Ce que tout le monde sait, c'est que le tableau était en longueur, et qu'il a ajouté dans la gravure la statue de Marcellus[1].

Enfin, sur un chevalet était placée une petite étude de baigneuse vue de dos à mi-corps, qui est gravée dans son œuvre au trait.

Nous fûmes tous frappés de la différence de peinture qui existait entre cette étude et son prix de Rome, et je lui fis part de cette impression.

« C'est que je n'avais pas vu l'Italie, nous dit M. Ingres, quand je fis ce tableau, et cette étude est la première que j'ai peinte sous l'inspiration de ces maîtres... *On m'avait trompé, messieurs, et j'ai dû refaire mon éducation.* »

Puis, changeant de ton : « Non pas que je ne

---

1. Je regrette de ne pouvoir citer en entier la lettre que ces observations m'ont value de la part de M. Pichon, élève et ami de M. Ingres. Le tableau de *Virgile*, restauré par lui, après la mort de notre maître, est exposé depuis peu de temps au musée de Toulouse.

rende justice à mon illustre professeur... Personne n'a plus de respect que moi pour M. David ; mais il est évident que son goût l'a porté d'un autre côté... J'ai pris le chemin des maîtres, moi, messieurs, celui de Raphaël, (et en s'exaltant) qui n'est pas un homme, qui est un dieu descendu sur la terre. »

Il continua assez longtemps à nous parler avec un véritable enthousiasme de la révélation qui lui avait été faite par la vue des maîtres italiens; mais son discours fut interrompu par l'arrivée du peintre Granger.

Granger avait eu le prix de Rome l'année où M. Ingres, concourant pour la première fois, avait mérité incontestablement le prix. Mais Granger allait tirer à la conscription, et cette récompense exemptait du service militaire; on lui donna le prix, et M. Ingres, d'un an plus jeune, dut attendre le concours suivant.

A peine entré, Granger fit force compliments à M. Ingres sur son tableau d'*Œdipe*.

« Je reconnais ton modèle, lui dit-il.

— Ah! n'est-ce pas? C'est bien lui?

— Oui, mais tu l'as fièrement embelli !

— Comment! embelli? Mais je l'ai copié, copié servilement.

— Tant que tu voudras, mais il n'était pas si beau que cela. »

Il n'y avait rien de plus curieux que de voir l'exaspération de M. Ingres, qui, devant ses élèves, s'entendait accuser de ne pas suivre ses propres doctrines.

Aussi, comme il s'emportait !

« Mais vois donc, puisque tu te le rappelles, c'est son portrait...

— Idéalisé... »

Ce mot fut le dernier coup, d'autant plus que Granger disait tout cela fort galamment et comme un éloge.

« Enfin ! dit M. Ingres, penses-en ce que tu voudras ; mais j'ai la prétention de copier mon modèle, d'en être le très-humble serviteur, et je ne l'idéalise pas... »

Cette discussion menaçait de ne pas avoir de fin ; Granger y mit un terme en lui disant :

« Idéalisé ou non, c'est très-beau. »

Et l'on n'alla pas plus loin.

Maintenant que bien des années se sont passées, que j'ai étudié, réfléchi beaucoup, je dois convenir que Granger avait raison, s'il voulait dire que M. Ingres avait interprété son modèle avec sa manière de voir à lui, et que tous les yeux ne l'auraient pas vu de la même façon, ni aussi beau : ce qui est enfin le propre du talent.

M. Ingres ne voyait, lui, dans les paroles de Granger, que cette idéalisation qui se borne à ramener la nature à un moule connu, laissant de côté toute espèce d'individualité.

La discussion était malheureusement impossible avec M. Ingres. Cet homme tout d'instinct et d'inspiration, de passion surtout, avec une parole imagée, et souvent éloquente, manquait absolument de logique ; pour peu qu'on lui tînt tête, comme cela lui est arrivé quelquefois devant moi, il s'arrêtait tout à coup comme un homme qui ne comprend plus. Il pouvait prêcher, il était incapable de discuter.

Ce qu'il aurait dû dire, et ce qui était la vérité, c'est qu'élevé au milieu d'artistes qui, par réaction, en haine de l'école du dix-huitième siècle, faisaient peu de cas de la nature, et ramenaient tout au type de l'*Apollon* et de la *Vénus de Médicis*, il avait eu le rare mérite de trouver que la nature était assez belle, assez variée, assez infinie, pour avoir toujours à y puiser ; qu'on pouvait apprendre à lire dans ce livre merveilleux, mais qu'on n'y lisait bien et à sa façon que lorsqu'on avait du génie.

La haine de cette beauté de convention, apprise par tout le monde et presque au même degré, était poussée chez M. Ingres à un tel point, qu'il avait érigé en principe absolu la règle de copier, copier servilement ce qu'on avait sous les yeux, et le grand homme ne se doutait pas que s'il avait, tout simplement, comme il le disait, copié son modèle, il ne serait arrivé qu'au résultat d'une photographie médiocre ; mais il s'en gardait bien : sans en avoir peut-être conscience, il ôtait un détail, appuyait sur un autre qui le frappait et dont il faisait une beauté ; enfin, son ouvrage n'était qu'un résumé complet de ses impressions. Mais non, la passion l'entraînait, et il croyait nous faire copier la nature en nous la faisant copier comme il la voyait.

IX

L'ÉCOLE DES BEAUX-ARTS.

L'École des Beaux-Arts était pour moi une grande préoccupation. J'avais une certaine répulsion instinctive pour ce lieu, que je ne connaissais que par les récits que j'en entendais faire à quelques-uns de mes camarades.

Cependant c'était la seule voie économique et agréable pour aller à Rome, du moins pour tenter d'y aller. Déjà plusieurs élèves de l'atelier se préparaient à concourir ; devais-je faire comme eux? Je trouvai un jour l'occasion d'en parler à M. Ingres.

Au premier mot, il m'arrêta.

« Je vais, me dit-il, vous faire une question un peu indiscrète. Mais croyez-vous que votre père puisse faire pour vous les frais d'un voyage en Italie, quand vous serez en état d'en profiter?

— Je le crois, répondis-je ; du moins mon père m'a souvent dit que, si je ne réussissais pas au concours de Rome, ce qui est en effet très-difficile et très-chanceux, il trouverait toujours le moyen de m'y faire faire un séjour assez long pour m'être utile.

— N'allez donc pas à l'École, s'écria M. Ingres, car je vous le dis, je le sais, c'est un endroit de perdition. Quand on ne peut pas faire autrement, il faut bien en passer par là ; mais on ne devrait y aller qu'en se bouchant les oreilles (et il en faisait le geste), et sans regarder à gauche ni à droite. »

Là-dessus, il me déroula toutes les inepties de cette éducation confiée à quatre ou cinq peintres, qui chaque mois venaient dire aux élèves exactement le contraire de ce qu'avait dit le professeur qui les avait précédés. — Et puis le chic... la manière... tout, excepté la naïveté et la beauté... De l'adresse, pas autre chose... Il s'animait en parlant, et fut d'une violence extrême.

Il n'avait pas besoin de tant d'efforts pour me dissuader ; je fus au contraire heureux de cette défense, et je n'ai, de ma vie, mis le pied dans une salle d'étude de l'École des Beaux-Arts.

C'est peut-être ici l'occasion de dire tout ce que je pense de cette école célèbre.

J'ai beaucoup étudié cette question ; je ne la traiterai donc pas à la légère, et j'en parlerai sans la moindre passion, convaincu que je suis que rien n'y fera, et que d'ailleurs, en fait de réformes, il y en aurait de beaucoup plus graves à faire, et qui intéresseraient bien autrement la société.

Voici la lettre que j'écrivis en 1870 à Sarcey, qui traitait à cette époque quelques questions d'art dans son journal.

Elle eut pour résultat de faire créer le prix du Salon. Peut-être cette innovation n'a-t-elle pas été appliquée comme il convenait ?

« Mon cher Sarcey,

« Voulez-vous me permettre, à moi aussi, de placer mon mot dans toutes les questions qui se débattent autour de vous, et auxquelles vous vous mêlez, je ne dirai pas avec talent, cela va de soi, mais avec sincérité et désir de vous éclairer ?

« Eh bien ! croyez-moi, les artistes qui traitent cette question avec vous, me paraissent avoir manqué à la première condition, qui est, pour des gens qui veulent reconstruire ou consolider, de regarder si la base est solide, et sur quoi ils vont travailler.

« Ceux qui ont la prétention de réformer ou de reconstruire l'École des Beaux-Arts, ont négligé ce soin, car ils auraient vu que les fondations en étaient vieilles, usées, tombaient en poussière, et qu'il n'y avait rien à bâtir dessus.

« A l'époque où Colbert organisa l'École, la France était parfois obligée de s'adresser à l'Italie. On fit venir entre autres le Bernin, de même que, sous François Ier, on avait appelé Primatice pour le charger de la décoration du château de Fontainebleau. Heureusement, le Bernin ne fut pas employé.

« Lorsque le nombre des artistes fut assez considérable pour subvenir, et au delà, aux exigences du gouvernement et du public, peut-être eût-il été opportun de mettre un terme à cet accroissement prodigieux de peintres ou de sculpteurs, et de laisser livrées à elles-mêmes ces nombreuses vocations; de ne pas les tenter par l'appât d'une éducation gratuite, donnée indistinctement, sans preuves certaines de véritables dispositions. Mais, en France, la routine est toujours la plus forte. Le pli était pris, et l'École de Rome continua à fournir son contingent, qui augmenta d'année en année.

« Tous les hommes de bonne foi conviennent que c'est à cet accroissement énorme du nombre des artistes que l'on peut, à coup sûr, attribuer l'abaissement du niveau des arts.

« Il est, en effet, hors de doute que l'immense majorité des artistes fournis chaque année par l'École des Beaux-Arts est forcément obligée, pour vivre, de se livrer à un art inférieur, plus facile, plus à la portée de tout le monde, et dont, par conséquent, le placement est presque certain. Cela n'est même pas à discuter.

« Le remède à cet état de choses était donc bien simple ; mais, loin de l'employer, on ajouta encore de nouveaux attraits à ceux qui existaient déjà dans l'éducation gratuite de l'École. Il paraît qu'on n'a pas assez de peintres à notre époque, où la politique, la science, l'industrie ont eu raison des beaux-arts, et les ont supplantés.

« Comptez les gens qui vont au Louvre, à l'heure qu'il est, en dehors des étrangers et des *demoiselles à copier*.

« Pourquoi ne pas convenir que ce n'est plus du côté des arts que se portent l'intelligence et le génie des modernes, et qu'il faut en faire son deuil ? Ce qu'on veut maintenant, c'est aller de l'avant, vite, sans arrêts. Les chemins de fer seront des *coucous*, les télégraphes des bureaux de poste, dans un temps donné et prochain. La photographie est expéditive ; vive la photographie ! Elle n'a pas encore donné la couleur... elle la donnera. C'est bien plus intéressant qu'une nouvelle toile de Baudry ou de Puvis de Chavannes. Voilà ce qu'on veut, ce qu'on cherche. La musique qui plaît est celle qui n'empêche pas de penser aux spéculations du matin. Des opérettes, au lieu d'*Alceste*.

« Et c'est dans une époque semblable, à laquelle je ne fais pas son procès, remarquez-le bien, que le gouvernement s'occupe de faire des peintres et des musiciens. Mais vingt suffiraient pour les besoins vrais de la population de la France !

« Cependant l'idée de supprimer l'École des Beaux-Arts ne manquerait pas de faire jeter les hauts cris à bien des gens qui certes n'ont pas réfléchi que c'est pour la chose la plus inutile, la plus complétement de luxe, que l'État se donne tant de mal, et fait de si gros sacrifices.

« L'État n'a rien à voir dans ces questions-là. S'il a la prétention de conserver les bonnes traditions, il se rend ridicule, parce qu'il n'y a pas de traditions ; il y a des hommes de génie qui imposent au public leur façon de voir et de sentir. David renverse les traditions de ses prédécesseurs ; M. Ingres renverse celles de David.

« Et puis, quelles sont les traditions qu'on enseigne en ce moment à l'École ? Quel dessin ? Est-ce celui de Michel-Ange, qui ne ressemble pas au dessin de Raphaël ? ou bien le dessin de David, qui n'a aucun rapport avec celui de M. Ingres ? Quelle couleur ? Est-ce celle de Paul Véronèse, du Titien, ou bien celle de Rubens ?

« On n'apprend pas plus à être un grand dessinateur ou un grand coloriste qu'à être un grand poëte. Pour le métier de peintre comme pour celui de poëte, il n'y a pas besoin d'école où on vous l'enseigne. Théophile Gautier me disait un jour qu'il m'apprendrait à faire des vers en une heure. Il n'a pas ajouté que je les ferais comme lui.

« Jamais il n'a existé d'école des beaux-arts chez un peuple vraiment artiste, ni à une belle époque de l'art.

« On sait comment les choses se passaient alors. Les grands maîtres recevaient chez eux, à titre d'apprentis, les jeunes gens que leur vocation portait vers les arts. Leur rôle, en commençant, était des plus simples. Les soins matériels de l'atelier leur étaient probablement confiés; mais la vie commune avec le maître, la vue de ses ouvrages, qu'il exécutait en leur présence, c'était déjà beaucoup plus que ne peuvent donner toutes les écoles du monde. Peu à peu leur intelligence se développait, leur instruction se formait, et ils étaient admis un jour à aider plus particulièrement le maître, à travailler même dans ses ouvrages, jusqu'au moment où ils se sentaient enfin assez forts pour voler de leurs propres ailes.

« Je ne crois pas qu'on ait encore rien inventé de mieux. C'est ce qui se fait, du reste, encore aujourd'hui, pour tous les métiers; mais l'apprentissage se paye, et cependant, si une éducation gratuite devait être donnée, ne serait-ce pas plutôt à ces malheureux enfants dont les pères sont obligés de payer sur leur gain à eux cet apprentissage fort long et fort cher ?

« Il n'y a pas d'école gratuite de menuiserie, de serrurerie, de maçonnerie, états bien autrement utiles que la peinture, indispensables même ; mais, comme il y a une école gratuite des arts du dessin depuis 1793, une École de Rome depuis Colbert, la routine est là, qui empêchera bien qu'on n'y touche. L'École des Beaux-Arts ! cette arche sainte ! ce sanctuaire des traditions ! Que de Prudhommes auraient des phrases toutes faites ! combien de cris de tous les côtés !... Et puis, ça dérangerait tant de monde !

« Non, elle est là ; il faut qu'elle y reste : il faut que tous les ans elle mette sur le pavé de Paris cent malheureux jeunes gens, qui auraient peut-être fait d'excellents ouvriers, et qui seront réduits, pour vivre, à colorier des photographies.

« On m'a fait quelquefois cette observation naïve, que plus le nombre d'artistes est considérable, plus on a de chances d'y trouver un homme supérieur.

« Je ne répondais qu'un mot : « Mais les au« tres, qu'en faites-vous ? » Ah ! si ces artistes s'étaient créés tout seuls, comme les poëtes et les auteurs dramatiques, sans encouragements, sans amorce de la part de l'État !... Mais ce n'est pas le cas. Vous donnez à des jeunes gens, jusqu'à trente ans, une éducation des plus soignées et gratuite ; vous leur offrez l'atelier, le modèle, le chauffage... C'est bien tentant, surtout pour un métier comme celui d'artiste, et, quand ils ont l'âge où toute autre profession leur est interdite, parce qu'ils ne sont pas des hommes supérieurs, vous les laisseriez là, sans pain, sans secours... Ce serait tout simplement une infamie. Et l'État le sent si bien, qu'il a inventé, pour faire taire les plus criards, ces copies de rois, d'empereurs, qui vont, à chaque changement de gouvernement, remplir les greniers des mairies, et ces copies de tableaux d'église qui ont l'inconvénient grave de cacher quelque beau pilier d'une cathédrale romane ou gothique.

« Si le gouvernement voulait une bonne fois se désintéresser de toutes ces questions d'art qui ne doivent jamais le regarder, il en serait des arts plastiques comme de la poésie, de l'art dramatique, de la littérature en général.

« Je ne sache pas qu'il existe des écoles gratuites de poésie, de tragédie, ni d'opérette, et il me semble que les poëtes et les auteurs ne nous manquent pas, et que leur célébrité, leur gloire est assez universelle. Aussi, qu'un poëte, qu'un auteur malheureux aille s'adresser aux bureaux du ministre pour faire imprimer son poëme où jouer sa tragédie, la réponse qu'on lui fera sera bien simple : « Qu'est-ce qui vous a « prié de faire une tragédie ou un poëme ? « Adressez-vous à un directeur de théâtre ; « si votre pièce est bonne, il la jouera ; si votre « poëme est beau, vous trouverez un libraire. »

« Le ministre ne pourra pas faire la même réponse à un peintre. Il le pourrait, s'il voulait, ne pas se mêler de notre éducation, et ne pas faire pour nous seuls plus qu'il ne fait pour les autres.

« Pour arrêter ce mal, ou du moins pour enrayer cette décadence des arts dont la cause est, de l'aveu des artistes les plus honorables, dans le nombre toujours croissant d'artistes médiocres qui encombrent la voie et la ferment souvent aux hommes supérieurs, le gouvernement n'a qu'un moyen à sa disposition : renoncer absolument à l'entretien d'écoles des beaux-arts, sous quelques formes qu'elles se présentent.

« Qu'il nous laisse faire nos affaires avec des directeurs d'expositions (et il s'en présenterait bien vite), comme les auteurs dramatiques avec les directeurs de théâtres.

« Ces directeurs, qui pourraient être subventionnés comme ceux de quelques grandes scènes, auraient intérêt à présenter au public de belles œuvres, à quelque système qu'elles appartinssent ; et le gouvernement, désintéressé dans la question, choisirait comme un particulier, pour décorer ses monuments, les hommes que leur notoriété indiquerait ; mais il le ferait librement du moins, ne leur devant rien.

« Je n'ai pas la prétention de penser qu'avec ce système, le gouvernement deviendrait un juge infaillible, qu'il n'y aurait pas beaucoup de XX. préférés à Ingres et à Delacroix ; mais, comme le nombre d'artistes serait moins grand, le budget plus considérable, Ingres et Delacroix ne pourraient pas être, à tout jamais, laissés de côté.

« Je ne me fais aucune illusion sur la réalisation possible d'une pareille réforme. Je n'ai d'ailleurs absolument rien de ce qu'il faut pour faire pénétrer ma conviction dans l'esprit des autres, et le gouvernement resterait sourd, sans aucun doute, à une réclamation de ce genre.

« Mais, puisque l'École des Beaux-Arts lui tient tant au cœur, que ne la met-il du moins sur le même pied que toutes les écoles d'éducation secondaire ?

« Si les arts plastiques sont un luxe comme le grec et le latin, ce qu'on ne peut guère contester, pourquoi ceux qui veulent se donner ce luxe ne le payent-ils pas ?

« Pourquoi, comme dans les colléges, les élèves peintres ne sont-ils pas tenus de verser une cotisation, qui diminuerait les frais de l'École et soulagerait le budget ?

« Comme dans les colléges aussi, pourquoi des bourses ne seraient-elles pas accordées aux enfants dont les dispositions paraîtraient hors ligne?

« Vous le voyez, je transige, mon cher Sarcey, ne pouvant tout avoir.

« Mais je croirais encore obtenir beaucoup, si la simple clause que je viens d'indiquer était ajoutée un jour au règlement de l'École des Beaux-Arts.

« Peu de gens, en dehors des artistes, connaissent la marche à suivre pour arriver au concours du prix de Rome.

« Vous l'ignorez sans doute aussi ; quelques mots suffiront pour vous mettre au courant, et vous faire juger de la niaiserie puérile du règlement de l'École des Beaux-Arts.

« La première épreuve, pour laquelle tous les artistes peuvent se présenter, à la condition d'être Français et d'avoir moins de trente ans, est ce qu'on appelle le concours préparatoire de *l'esquisse peinte*.

« Les concurrents, dont le nombre est quelquefois très-considérable, sont réunis dans une salle commune, et on leur lit à la première heure le sujet du tableau dont ils doivent composer et peindre l'esquisse.

« Cette esquisse, pour n'être qu'une ébauche, n'en doit pas moins présenter les conditions d'un tableau : composition, dessin, couleur, perspective, clair-obscur.

« Tout cela dans une journée.

« Il ne faut pas avoir la migraine ce jour-là, comme il est arrivé à ce cher et pauvre Henri Regnault, qui, n'ayant point fait son esquisse, n'aurait pu concourir sans la gracieuse intervention de ses camarades, qui voulurent bien, à cause de lui, qu'on passât sur cette infraction au règlement.

« Supposez maintenant un jeune homme d'un talent déjà remarquable, mais un peu lent à concevoir, ne pouvant qu'avec du temps rendre son idée bien nette. Il faudra nécessairement qu'il renonce au concours, car de ce premier essai vont dépendre tous les autres.

« Vous le voyez : c'est le succès assuré pour les talents faciles, pour l'habileté de main. Léonard de Vinci a mis quatre ans à faire la *Joconde;* il n'aurait jamais été admis, même à concourir.

« Parmi ces nombreuses esquisses, on en choisit vingt, dont les auteurs sont appelés à peindre une figure d'homme nu, ce qu'on nomme vulgairement une *académie*, je n'ai jamais su pourquoi.

« On a cinq jours pour ce travail, le plus difficile de tous. M. Ingres disait : « Faites une belle fi-« gure d'homme, seul, sans sujet; vous serez « déjà un peintre. »

« Je me suis demandé souvent ce qui peut rendre l'administration si avare du temps qu'elle accorde pour tous ces concours. Un jour de plus pourrait rendre un grand service à certains jeunes gens. J'en faisais la remarque à un employé supérieur. — A l'instant même, il a levé les mains au ciel, et jeté les hauts cris ; on ne peut pas avoir idée, à ce qu'il paraît, de la révolution que causerait cette journée de plus ; — d'abord, tout serait reculé d'un jour... Ce serait affreux !

« Je n'ai pas insisté, on le comprend.

« Mais je reviens aux concurrents.

« Les auteurs des dix meilleures figures sont désignés pour le concours définitif, et montent *en loge*, comme disent les élèves.

« On réunit un matin ces jeunes gens, et on leur donne lecture du sujet choisi par le conseil supérieur, par l'Académie des beaux-arts, je crois, en ce moment.

« Le sujet doit être composé par eux au crayon, dans la journée, et la composition qu'ils auront adoptée est celle qu'ils devront exécuter sans y rien changer. Si la bonne idée leur vient le lendemain, il faut s'en tenir à la mauvaise qu'ils ont eue la veille.

« Quant au sujet, soyez certain qu'il n'agrée qu'à un bien petit nombre parmi les concurrents. Tel jeune homme dont la nature est ardente, expansive, se trouve en face d'un sujet calme et solennel ; tel autre aime les mouvements simples : le sujet devra représenter une bataille, un massacre.

« Remarquez que ce concours est une chose sérieuse, dont le prix est une des récompenses les plus élevées qui se puissent donner à un artiste ; il est donc tout à fait important de pouvoir apprécier les dispositions, l'aptitude de ces jeunes gens.

« Est-ce là le vrai moyen ?

« Quand nous faisons un tableau, et je vous certifie, mon cher ami, que c'est une chose bien difficile, nous n'avons pas trop des musées, des bibliothèques pour aller faire des croquis, fouiller et prendre des notes, pour nous inspirer des maîtres, pour étudier les marbres grecs et les vases, si notre sujet est antique. Eh bien ! le croiriez-vous ? ces jeunes gens qui commencent, qui ne sont que des élèves, n'ont pas le droit d'apporter dans leur cellule le moindre croquis, la moindre gravure. Ils sont là pendant deux mois, devant une toile, avec des couleurs et un modèle.

« Et l'on s'étonne que le résultat soit souvent si médiocre ! Ce qui devrait étonner bien plutôt, c'est que, dans de pareilles conditions, ces jeunes gens puissent même produire ce que nous voyons tous les ans.

« J'avais reconnu depuis longtemps tout ce qu'avait de puéril, et même de ridicule, ce programme pour les concours de l'École ; je cherchais quelle amélioration il serait possible d'y apporter, quand un fait me frappa, bien facile à vérifier, et que je vais vous soumettre.

« J'avais remarqué qu'à chacune des expositions qui ont passé sous mes yeux depuis cinquante ans, il s'était toujours produit un début remarquable ; que, chaque année, le tableau d'un jeune homme inconnu jusque-là avait causé au Salon une assez grande sensation.

« Je pensai alors que mon problème était trouvé, que le prix de Rome ne pourrait être accordé avec plus de justice qu'à un de ces jeunes gens presque unanimement acclamés par leurs confrères, par la presse, par le public enfin, et que l'on aurait bien mieux la mesure de leur talent ou de leurs dispositions en leur laissant toute liberté pour le temps, le choix du sujet, la dimension du tableau, liberté que nous avons tous, et dont nous profitons le mieux que nous pouvons.

« Je fus convaincu que toutes les formalités gênantes pouvaient être ainsi mises de côté, et que l'on aurait à l'exposition annuelle une marge plus grande pour chercher et découvrir le jeune homme que ses dispositions et son genre de talent pouvaient rendre digne d'obtenir le prix.

« D'après le relevé que j'ai fait de ces brillants débuts, en m'aidant seulement de mes souvenirs, rien n'eût été plus facile que de découvrir cet artiste. Vous en aurez la preuve par la notoriété des hommes que je vais citer, et vous n'apprendrez pas sans étonnement, je crois, que ces artistes d'un grand talent, dont quelques-uns sont célèbres, n'ont jamais pu obtenir le prix de Rome ; plusieurs n'ont même pas été admis à concourir.

« Pour ne pas vous fatiguer par une trop longue nomenclature, je ne vous parlerai que de quelques-uns des artistes dont les œuvres se présentent à mon souvenir.

« Et d'abord :

« Géricault, avec sa *Méduse*, Eugène Delacroix avec sa *Barque du Dante*, ne vous paraissent-ils pas, dites-moi, bien dignes du prix de Rome ?

« Paul Delaroche se présenta au concours, et ne put réussir.

« Eugène Devéria, qui fit son début à vingt ans

avec la *Naissance d'Henri IV*, ne fut pas même admis au concours.

« J'ignore si Ary Scheffer a tenté cette épreuve ; dans tous les cas, d'après mon système, il eût pu voir l'Italie, qu'il n'a jamais visitée.

« Louis Boulanger eut tout jeune un début remarquable avec son *Mazeppa*. Il ne lui a pas été donné non plus, je crois, d'aller en Italie.

« N'était-ce pas une récompense bien placée que d'accorder le prix de Rome à Chassériau, dont le premier tableau, à l'âge où l'on est encore à l'École, attira si vivement l'attention des artistes et du public ?

« A Lehmann, pour son *Mariage de Tobie* ? quel plus charmant début !

« A Alexandre Hesse, dont le tableau des *Funérailles du Titien* eut un succès populaire ?

« A Gérome, pour son *Combat de coqs*, tableau tout indiqué par son mérite et par ses tendances ?

« Et ce pauvre Hamon ! quel plus digne appréciateur des beautés de l'Italie, quelle plus poétique nature ? quel goût plus fin ? Que de peines et de travaux il lui a fallu pour arriver à ce qui devait être son rêve, vivre à Capri, près de Pompéi et du musée de Naples !

« Il ne put jamais être admis même à concourir.

« Comment ne pas rappeler ici deux hommes, frères par le talent, dont le nom est inséparable, les auteurs des belles chapelles de la Vierge et de l'Eucharistie dans l'église Notre-Dame de Lorette, Orsel et Périn ?

« Et Roger, leur émule et leur ami, qui décora avec tant de talent le baptistère de la même église ? Étaient-ils assez dignes ceux-là de cette récompense, si légèrement accordée quelquefois ?

« En arrivant à des temps plus rapprochés, vous avez pu juger vous-même, mon cher ami, les jeunes artistes qui se sont distingués à tous les derniers salons.

« Le jeune Glaize, pendant qu'il échouait à tous les concours, envoyait au Salon des ouvrages bien supérieurs à un grand nombre de tableaux couronnés.

« Si le prix de Rome avait été décerné à Moreau, qui en était bien digne, pour son remarquable tableau d'*Œdipe*, la vue des chefs-d'œuvre si variés de l'Italie n'eût-elle pas détourné un instant son attention un peu exclusivement dirigée vers Mantegna ?

« Je n'étendrai pas mes recherches jusqu'aux paysagistes ; voyez cependant les trois noms qui viennent sous ma plume :

Corot, Édouard Bertin, Aligny.

« Mais je m'arrête. Cette liste, que je pourrais

faire plus longue, est bien assez édifiante, ne pensez-vous pas?

« N'est-il pas curieux de voir les hommes que je viens de nommer sans cesse repoussés de ce concours où tant d'autres, dont je ne rappellerai pas les noms oubliés, ont eu l'honneur d'obtenir le prix?

« Quelques exceptions notables ne prouveraient rien contre la thèse que je soutiens.

« Je reste convaincu que l'enseignement de l'École et cette méthode de concours donneront toujours, presque à coup sûr, la victoire à la médiocrité, au talent matériel, à la facilité de main, bien rarement au vrai talent; et la preuve, c'est que les hommes remarquables arrivés par cette voie se sont bien gardés d'y persévérer; il n'y a, pour s'en convaincre, qu'à comparer leur prix de Rome avec les beaux ouvrages qu'ils nous donnent maintenant. »

J'avais adressé cette lettre à Sarcey, qui voulut bien y trouver une idée, quelque chose de neuf peut-être, et qui en fit un résumé pour ses lecteurs.

On ne peut imaginer ce qu'elle excita contre moi de fureur de la part des artistes prix de Rome. Ils crurent peut-être que j'avais voulu porter atteinte à leur gloire, et soutinrent que tout était pour le mieux dans la meilleure école des beaux-arts possible.

J'ai quelque scrupule à répéter l'objection qu'ils considéraient comme la plus forte contre mon système, et qu'ils ont eu le courage d'énoncer tout haut.

« On fera faire, disaient-ils, son tableau par son maître. »

Il me semble difficile de se figurer M. Ingres avec soixante élèves, Delaroche avec un nombre au moins aussi grand, occupés toute leur vie à faire les tableaux des concurrents au prix de Rome, et j'ai cru d'abord à une plaisanterie. Mais non ! — il m'a fallu leur répondre :

« On ne fait jamais l'ouvrage d'un autre. »

On peut donner des conseils à son élève, à son ami, retoucher quelques parties défectueuses de leur œuvre. C'est ce qui arrive tous les jours. Nous recherchons les observations des hommes supérieurs, nous nous plaisons à écouter leurs conseils, nous nous efforçons de les mettre à profit dans notre tableau, sans qu'ils s'en croient pour cela les auteurs.

Mais faire le tableau d'un autre ! si Baudry, si Gérôme, si Hébert faisaient le tableau d'un de leurs élèves, ils feraient un Baudry, un Gérôme, un Hébert... et alors ils le signeraient, et ils auraient raison.

Ce qu'il y a surtout de curieux dans cette objection, c'est que mon système fonctionne tous les ans sans qu'on le remarque, pour toutes les autres récompenses, depuis la troisième médaille jusqu'à la médaille d'honneur.

Selon mes contradicteurs, on aurait le droit de supposer que M. Robert-Fleury est l'auteur du tableau de son fils qui a eu l'honneur de recevoir cette haute récompense ; que M. Bonnat, l'année précédente, avait prié son maître de faire son *Assomption de la Vierge;* que M. Cabanel s'était fait aider pour son portrait de l'empereur...

Je vais plus loin. Je ne sache pas que Garnier ait été enfermé sous clef pour faire le projet de l'Opéra ; que Duc ait été mis en loge pour exécuter son Palais-de-Justice. — Alors l'Opéra n'est pas de Garnier, et Duc n'est pas l'auteur de la belle façade qui lui a valu le prix de cent mille francs...

Je demande à ne pas discuter plus longuement une objection aussi puérile.

Peut-être ai-je été mal compris, et les artistes qui ont eu l'honneur d'obtenir le prix de Rome, ont-ils cru que mes observations tendaient à supprimer ce prix qui permet aux élus de passer quatre années dans le plus délicieux palais du plus beau pays du monde. J'étais bien loin d'avoir cette pensée, car je trouve cette récompense si grande, si honorable, que je voudrais plutôt qu'elle fût accordée aux vieillards et couronnât leur existence.

Mais, puisque la France peut encore donner cette généreuse hospitalité aux jeunes gens dont le talent promet de véritables artistes, je suis convaincu, comme tout le monde, que ce séjour ne peut que leur ouvrir de nouveaux et plus vastes horizons.

Je laisse donc cette admirable villa Médicis à sa place. Je souhaite qu'on y envoie longtemps des hommes comme Flandrin, Baudry, Hébert, etc., etc., etc.

Tout ce que je demande, c'est une façon plus élevée et plus digne de les y envoyer.

X

ENVOIS A L'EXPOSITION.

Quelques années s'étaient écoulées depuis l'ouverture de l'atelier.

Après des études suivies avec une grande assiduité par la grande majorité des élèves, le moment vint où chacun sentit le besoin d'essayer ses forces. Les anciens commençaient à déserter l'atelier pour travailler au dehors, et cherchaient à mettre à profit, dans des tableaux ou des portraits, les conseils du maître.

L'atelier n'en continuait pas moins à prospérer, et c'est même à l'époque où les vieux s'émancipèrent que les plus célèbres des élèves de M. Ingres firent leur entrée chez lui. Les Flandrin, Lehmann, Chassériau, allié à ma famille et que je présentai au maître, donnèrent bien vite de grandes espérances.

J'allais quelquefois passer une semaine à travailler avec eux, mais je ne peux cependant pas me dire leur camarade ; ce que j'ai toujours été, c'est leur ami et leur admirateur.

Hippolyte Flandrin se préparait à concourir, ainsi que Lavoine, un des élèves les mieux doués de l'atelier, mais qui cessa tout à coup de produire ou de bien faire, je ne saurais dire pourquoi. Son début à l'École avait été très-remarquable ; il n'obtint pourtant, à la grande colère de M. Ingres, que le second prix. Je ne veux pas voir dans cette injustice réelle la cause de son découragement ou de son abstention : ce serait croire à une faiblesse que son talent n'aurait pas pu faire soupçonner.

J'ai conservé peu de souvenirs, à cause de la rareté de mes visites à l'atelier, de l'époque où ces jeunes gens commencèrent leur brillante carrière. Je n'ai pu suivre leurs travaux que plus tard, mais alors comme tout le monde.

Je me souviens par exemple du talent tout particulier de Paul Flandrin à dessiner des charges très-spirituelles, ce qui ne l'a pas empêché plus tard de prendre à côté de son frère une place des plus honorables dans le genre du paysage de style, maintenu longtemps à une si grande hauteur par Édouard Bertin, Aligny, Desgoffes, et si peu cultivé aujourd'hui. Il avait couvert les murs de l'atelier des portraits de tous les élèves de ce temps-là, et rien n'était amusant comme d'entendre M. Ingres les corriger gravement, et faire sentir qu'une charge doit être le caractère principal et saisi en quelques coups de crayon d'une tête ou d'un objet quelconque. Il en critiquait quelques-unes, qu'il ne trouvait que des portraits enlaidis.

Une circonstance rendit encore moins fréquentes mes visites à l'atelier. Je fis, en 1829, un voyage en Grèce, attaché à la Commission scientifique de Morée, et la fièvre que j'en rapportai me mit à peu près hors d'état de travailler pendant toute une année.

Cet épisode de ma vie a eu, je le crois, quelque influence sur mon avenir; mais j'étais malheureusement trop jeune pour profiter avec fruit de tout ce qui me passait devant les yeux. Je ne m'étais pas exercé à faire rapidement un croquis de paysage, je n'avais pas encore vu les admirables dessins de Bertin. Néanmoins ce beau pays m'a laissé de bien vives impressions, et les hommes distingués qui composaient la Commission ajoutèrent beaucoup au charme et à l'intérêt de ce premier voyage.

Lorsque je fus à peu près rétabli, je me mis, comme mes autres camarades, à un travail sérieux en vue de l'Exposition.

Sturler composait, de grandeur naturelle,

deux figures de lutteurs d'une originalité et d'une vigueur de dessin remarquables ; il prenait encore modèle alors. La pensée de ce tableau lui était venue pendant un voyage que nous fîmes ensemble dans le Midi : nous avions assisté à Nîmes, dans les Arènes, au spectacle d'une lutte d'hommes qui le frappa vivement ; il s'empressa à son retour de mettre à exécution ce projet, qui allait à son talent un peu sauvage et énergique. Ce tableau restera, j'en suis sûr, comme une œuvre très-remarquable.

Ziegler ébauchait sa jolie étude de *Giotto*, gâtée malheureusement par une exécution trop à l'effet, mais dont la pose et l'idée sont charmantes.

Je n'avais pas des visées si hautes. Je commençai quelques portraits, que j'avais la prétention d'envoyer au Salon. Il ne nous manquait plus que cet échelon à monter pour nous croire enfin des artistes. Comme un débutant n'inspire pas grande confiance, et qu'il lui est presque impossible de trouver une victime qui ose se livrer à son inexpérience, je me mis tout simplement à faire mon portrait, sûr d'avoir au moins un modèle complaisant et toujours sous la main.

Pendant que j'y travaillais, j'eus un bonheur inespéré. Une jeune femme charmante me fit offrir, par l'entremise d'un de mes amis, qui probablement avait exagéré mes mérites, la somme de quinze louis pour faire son portrait. Je l'aurais fait pour rien, je crois même que j'aurais payé, si j'avais pu, pour le faire ; aussi fus-je ébloui.

Cette personne était plus élégante que jolie ; mais sa tête blonde, un peu effacée, que j'entourai de tons clairs, convenait tout à fait à mes goûts pour la peinture des maîtres primitifs.

Enfin, un jour, le portrait achevé, je pris ma toile sous mon bras, et, non sans une bien grande émotion, je la portai chez M. Ingres.

J'arrive à une époque de ma carrière où mes rapports avec M. Ingres, sans rien perdre, de ma part, de la soumission et du respect qui lui étaient dus, vont devenir, de son côté, un peu plus tendus, et quelquefois sévères. Tous ceux qui me connaissent peuvent me rendre cette justice que mon admiration, ma reconnaissance, je dirais mon culte pour M. Ingres, ne se sont jamais démentis un seul instant. J'ai toujours excusé et compris même tout ce qui, de sa part, aurait pu paraître un peu excessif et tant soit peu injuste. Mais il a toujours été, pour moi, tellement au-dessus de nous tous... et des autres, que je ne me suis jamais trouvé le droit de me plaindre.

Comme il peut être intéressant de connaître sous toutes ses faces un homme de cette supériorité, je me décide donc à ne pas cacher quelques faiblesses de cette nature si puissante, si indomptable quand il s'agissait de son art, si privée de logique, si éloignée quelquefois du sens commun, lorsque l'art n'était plus en jeu. Il eut toute sa vie les qualités et les défauts d'un enfant, sensible, ému pour bien peu de chose, ignorant absolument la vie et ses exigences. Il paraissait souvent n'avoir pas conscience du mal qu'il pouvait faire. Aussi, je le répète, quand on avait vu comme moi au fond de cette organisation incomplète et dirigée uniquement d'un seul côté, la plainte devenait impossible et inutile.

Le matin où je portai, bien ému, mon portrait chez M. Ingres, qui demeurait alors à l'Institut, je fus introduit dans un petit cabinet donnant sur la cour, et dont les murs était couverts de merveilles : des études, un portrait à la mine de plomb de madame Ingres, jeune et portant un chapeau à la mode du temps, fort bizarre, mais quel dessin! une répétition en petit de l'*Odalisque* assise de dos sur le coin d'un lit. la plus belle de ses odalisques, et, ce qui me causa un certain étonnement, la gravure du *Coucher* de Vanloo. Plus tard, une conversation qui eut lieu à Rome me confirma dans l'opinion que M. Ingres était beaucoup moins exclusif qu'on ne pensait.

J'étais là, entouré de ces belles choses et occupé à placer mon portrait dans son jour, autant que possible, quand la porte s'ouvrit. M. Ingres vint à moi, et, après une poignée de main, se retourna du côté où j'avais placé mon ouvrage, le regarda quelques instants, — des heures pour moi, — et me dit enfin :

« Eh bien!... c'est charmant... tout à fait naïf et vrai... les mains... (et en se baissant il approchait les siennes du portrait et faisait le mouvement de modeler)... dessinées parfaitement... Mais... c'est un peu plat... ça manque de demi-teintes... J'ai fait de la peinture comme ça... Maintenant je fais tourner... On veut que ça tourne... Je me moque pas mal que ça tourne... Enfin!.. prenez garde... on ne comprendra pas... Décidément, plus de relief... »

Madame Ingres passait dans le corridor : « Ma bonne, viens donc voir un portrait d'Amaury... »

Elle entra, regarda et dit :

« Tiens, est-ce que c'est fini ? »

M. Ingres se retourna vers moi, et d'un ton sérieux : « Vous voyez... c'est que ça ne tourne pas, je vous l'ai bien dit. »

Et puis, comme pour faire revenir sa femme sur son impression : « Regarde donc les mains, lui dit-il, en appelant l'éloge.

— C'est égal, ça n'a pas l'air fini. » Et elle retourna à son ménage.

« Eh bien! vous voyez, me dit M. Ingres, ce

jugement est celui qu'en portera le public... Attachez-vous à un modelé plus accentué, sans en perdre la finesse... Malgré tout, je suis content. Bon courage ! »

Je revins chez moi bien heureux, et tout à fait décidé à affronter le jugement du public, après celui que venait de rendre M. Ingres.

L'ouverture de l'Exposition arriva enfin, et je commençai, je l'avoue, à perdre beaucoup de mon assurance.

C'était un jour bien solennel; depuis, il a perdu de son importance et de son intérêt. Le jury, composé exclusivement à cette époque des membres de l'Institut, gardait sur ses décisions un silence presque complet; le directeur du Musée exagérait encore cette réserve, et ce n'était qu'au moment de l'ouverture, et dans le livret seulement, qu'on apprenait son sort.

Les portes du Louvre étaient, bien avant l'heure, assaillies par une foule presque entièrement composée d'artistes que des déjeuners plus ou moins copieux rendaient ce jour-là encore plus bruyants et plus animés.

Onze heures sonnaient enfin ; la grande porte s'ouvrait lentement, et cette masse de jeunes gens s'engouffrait dans le vestibule, escaladant le bel escalier de Percier, mais alors dans un silence que le moment suprême expliquait suffisamment.

Il faut être peintre, avoir subi cette épreuve de l'Exposition, pour comprendre l'impression étrange que vous produit votre œuvre au milieu de toutes les toiles qui l'entourent.

C'est d'abord, comme dimensions, un changement incroyable ; ce qui, dans l'atelier, paraissait grand, ou du moins assez important, devient au Salon un point imperceptible qu'on a beaucoup de peine à découvrir. Quant au mérite de l'ouvrage, celui du moins qu'on avait cru y trouver chez soi, il a disparu complétement, et l'on n'a plus devant les yeux qu'une chose affreuse qu'on voudrait faire enlever à l'instant, si l'on en avait le droit. Tous les tableaux de vos confrères vous paraissent au contraire réussis de tous points, et l'on a un moment d'éblouissement et d'admiration.

Dans un récit que me fit un jour M. Ingres de son arrivée à Paris, l'année où il apporta pour l'exposition son *Vœu de Louis XIII* et un assez grand nombre de tableaux de chevalet, il exprima, à mon grand étonnement, la sensation dont je viens de parler.

« Vous savez, me disait-il, que jusqu'à cette époque, j'avais rencontré peu de bienveillance de la part du public et des critiques ; chaque fois mes tableaux me revenaient du Salon plus ou moins contestés. Cette année-là, ma toile était importante : je crus devoir l'apporter moi-même, mais sans grande confiance dans le résultat ; aussi n'avais-je pris qu'un simple sac de nuit, bien persuadé que je m'en retournerais comme j'étais venu. J'eus le bonheur de trouver dans mon ami M. de Forbin un protecteur des plus chauds. Quand il vit mon tableau, que j'avais fait tendre dans une salle du Louvre, il me témoigna vivement son contentement, et voulut qu'il ne fût montré au public que dans la dernière quinzaine de l'Exposition, et à une place d'honneur. J'étais fort heureux ; mais, mon cher ami, quand le Salon fut ouvert, quand j'y pénétrai, je fus ébloui par tout ce que je voyais, et je fus pris d'un vrai découragement. Il y avait vingt ans que je n'étais venu en France, je ne connaissais rien de ce qui s'y faisait, et je fus tellement surpris du talent, et surtout de l'exécution si habile de mes confrères, que, sans les encouragements que me donnait Forbin, sans l'assurance qu'il me paraissait avoir en mon succès, je n'aurais pas osé affronter ces comparaisons. Enfin il fut fait comme il l'avait dit : quinze jours avant la fermeture, mon tableau fut exposé, et, pour la première fois, le public et les critiques ne me refusèrent pas absolument tout. »

Ce fait de réserver pour la fin de l'Exposition les tableaux des maîtres reconnus, les ouvrages sur lesquels le directeur fondait le plus d'espoir de succès, va bien étonner les jeunes artistes de cette époque-ci, où la plus petite faveur de ce genre, accordée à un homme de talent, leur ferait jeter les hauts cris au nom de l'égalité. L'égalité ! et en fait d'art !

Cette faveur, si on veut l'appeler ainsi, existait pourtant, et au grand avantage de l'Exposition et du public. C'était un regain de curiosité et d'intérêt, c'était pour les artistes renommés une récompense de leurs travaux passés, un privilége peut-être, mais qui ne nuisait en rien à ceux qui débutaient.

C'est qu'alors il y avait des directeurs comme j'en demande, qui se souciaient peu de l'égalité, mais qui voulaient avant tout présenter au public une grande et belle exposition. Ils faisaient ce que font les commissaires ou directeurs du Théâtre-Français, qui prennent leur moment, leur saison, leurs meilleurs acteurs, pour représenter les pièces d'Émile Augier et des autres célébrités ; et personne n'a la pensée de se plaindre de cette inégalité.

XI

LE PORTRAIT DE LA *DAME VERTE*.

Mes portraits avaient eu l'honneur d'être reçus. J'étais exposé pour la première fois, — assez mal, mais c'était le dernier de mes soucis, et je puis me vanter que je n'ai jamais proféré une seule plainte à cet égard : j'ai toujours eu le simple bon sens, assez rare, de comprendre que, si le vœu de tous les artistes était exaucé, il faudrait, pour les placer tous sur la cimaise et à leur jour, une galerie d'un nombre illimité de kilomètres ; et encore, est-on sûr qu'ils ne se plaindraient pas du voisinage ?

Non, j'étais très-heureux de me voir admis n'importe où, et je n'avais d'autre crainte que de passer inaperçu. Cette crainte ne fut pas de longue durée. Le portrait de la *Dame verte*, comme on l'appelait, fut tout de suite le point de mire d'une foule de plaisanteries. « Quel est cet envoi de la Chine ? » disait un interlocuteur, dans un dialogue sur le Salon, publié par un très-spirituel journaliste, M. Jal. « Glace panachée, » disait un autre. Les tons rose et vert clair de mon portrait de femme donnaient en effet à cette critique un côté fort plaisant. Mais le bouquet fut le mot d'un amateur très-attentif à regarder ma toile. Je m'approchai de lui, curieux de voir sur sa figure l'impression qu'il éprouvait. En ce moment, tout près du portrait, il cherchait à lire le nom de l'auteur, quand, se retournant vers moi : « Et il l'a signé ! » me dit-il ; et pirouettant sur ses talons, il continua sa promenade sans se douter qu'il s'était adressé à l'auteur lui-même.

Tout cela ne valait-il pas mieux que l'indifférence, ou même qu'une approbation banale, qui ne m'eût pas indiqué que j'allais m'engager dans une lutte sérieuse, et que la voie que j'avais prise ne serait pas sans difficultés ! Aussi, j'acceptais toutes ces critiques avec un calme qui surprenait tous mes camarades, mais surtout Ziegler ; je dois même dire qu'au fond j'en éprouvais une certaine satisfaction. Mais ce qui vint troubler bien cruellement mon succès... négatif, ce fut le mot de M. Ingres.

Je rencontrai un jour notre massier, avec lequel j'avais conservé quelques relations, et dont les rapports avec le maître étaient presque journaliers. « M. Ingres n'est pas content, me dit-il à brûle-pourpoint. En me parlant hier de l'Exposition : « Tenez, me disait-il, voilà Amaury « qui envoie au Salon un portrait bien plat, sans « modelé, sans couleur; on le tourne en ridi-« cule dans les journaux, on s'en moque partout, « et cela me retombe sur le nez. »

C'était bien cruel pour moi, et j'avoue qu'après ce qu'il m'avait dit devant ce portrait, je m'étais cru le droit de l'exposer. Dans tous les cas, il aurait pu me le défendre, et, certes, je me serais soumis.

Je lui ai pardonné le mal qu'il m'a fait ce jour-là, et j'ai même excusé cette espèce d'abandon qu'il faisait de nous, en pensant que cet homme qui avait lutté pendant vingt ans et supporté la misère pour une idée, pouvait craindre avec raison de la voir compromise par nos ouvrages, au moment où il paraissait atteindre le but, et où le succès venait à lui.

Ce qu'on pourrait peut-être reprocher à M. Ingres comme professeur, c'est un manque de largeur dans les idées, disons le mot, une mesquinerie, qu'il avait puisée, je n'en doute pas, dans les écoles, où la rivalité bête et envieuse que l'on y entretient se cache sous le nom d'émulation.

Quoi de plus sot en effet, et je dirai de moins moral, que ces récompenses, ces prix qui ne

sont bons qu'à faire naître ou à augmenter les
sentiments mauvais que nous avons dans le
cœur? Quel est l'élève qui, au fond de l'âme,
ne souhaite à son concurrent les chances les
plus contraires, et ne se réjouit bien vivement
de son insuccès? Comme si on devait faire de
l'art par rivalité, et non avec la seule pensée de
faire bien !

On arrive, en favorisant ces mesquineries et
ces petites jalousies d'enfant, à faire des artistes
qui, plus tard, se cacheront pour travailler, auront peur de voir leurs procédés découverts, et
ne diraient pour rien au monde à un confrère :
« Je fais ainsi ; essayez, le moyen me paraît plus
simple, » se gardant bien d'améliorer, par un
conseil vrai et sincère, l'œuvre de leur camarade,
souvent de leur ami.

J'ai toujours pensé, et je persiste à croire que
rien n'est plus contraire aux sentiments élevés,
nobles, rien de plus propre même à les éteindre
dans le cœur des jeunes gens, que cette éducation qui n'a pour stimulant que la perspective
d'une récompense, et ne nous montre jamais
dans le lointain le seul but vraiment enviable
faire bien et honnêtement.

Quand j'ai dit qu'on pouvait reprocher à
M. Ingres un manque d'ampleur dans les idées,
c'est plutôt un regret que j'aurais dû exprimer ;

car il est évident qu'avec les élèves formés par lui, et entraînés par le prestige de son talent, il pouvait donner à l'art élevé une impulsion que rien n'aurait pu arrêter.

S'il nous avait ouvert les portes de son atelier, s'il n'avait eu pour nous aucun secret, si nous l'avions vu au travail, et surtout s'il s'était servi de nous comme instruments, son œuvre aurait pû être immense, et son influence bien autrement complète.

Mais il n'y avait pas solidarité entre le maître et les élèves; nous n'étions ni soutenus ni défendus par lui comme il aurait dû le faire, comme il l'aurait fait, si nous avions été les parties d'un ensemble qu'il aurait dirigé. Au lieu de cela, n'ayant pas de point de ralliement, chacun tira de son côté, fit à sa guise, et nos fautes lui retombèrent sur le nez, selon son expression.

Les rapports entre le maître et l'élève m'ont toujours paru, du reste, des plus difficiles et des plus délicats.

Si le maître est un artiste ordinaire, sachant son métier, l'enseignant sans arrière-pensée, cela va tout seul : l'élève a toute sa liberté d'action; le maître n'ayant pas lui-même d'idées bien arrêtées, l'élève peut s'en former une et suivre l'impulsion de sa nature.

Mais tout change si l'homme qui vous dirige a sur vous l'influence d'un grand talent, et s'il a un but auquel il tend avec toute la volonté et le despotisme du génie; vous ne pouvez qu'écouter, vous soumettre, exécuter presque des ordres, et, quand le maître descend jusqu'à des détails d'exécution, ce qui, du reste, est assez peu habituel de la part de ces grands talents, vous notez avec soin tout ce qui sort de sa bouche. M. Ingres parle-t-il avec enthousiasme de ce *gris-laqueux* dont se composent les demi-teintes, vous ne voyez plus les demi-teintes que de ce ton-là. Vous dit-il que le *brun-rouge est une couleur tombée du ciel*, vous vous empressez d'en couvrir votre palette. S'il appelle votre attention sur les beautés du corps humain, il ne vous dira pas : « Je trouve », ou bien : « Généralement on a trouvé cela plus beau pour telle ou telle raison »; ce que ferait un professeur ordinaire et ce qui vous permettrait de raisonner vous-même. Non. — Il vous dira : « Ce front est beau parce qu'il est bas, ce torse parce qu'il est court. » Nécessairement, vous ne discutez pas, et vous faites tous vos fronts bas et tous vos torses courts.

Il résulte de cet enseignement que, lorsque l'élève produit une œuvre et met en pratique les conseils qu'il a reçus, on doit trouver tout naturellement une analogie frappante entre l'élève et le maître. Admettez maintenant chez l'élève une habileté assez grande, une faculté d'assimilation qui se trouve chez beaucoup de jeunes gens : le public ignorant, les critiques peu exercés vont s'y tromper, attribuent l'œuvre de l'élève au maître ; de là, colère, irritation bien naturelle de la part de ce dernier. Mais que l'œuvre soit mauvaise et n'ait qu'une apparence qui ne trompe personne, le maître se trouve responsable et se plaint.

Voilà pour l'élève soumis et respectueux. Au contraire, qu'il s'en trouve un qui, pour une raison ou pour une autre, par impuissance de suivre la voie du maître, par indépendance ou par un goût qui l'entraîne d'un autre côté ; que celui-là, dis-je, s'il est chez M. Ingres, cède trop facilement à la séduction de la couleur, qu'il laisse voir une tendance à admirer Rubens plus que Raphaël : c'est bien une autre affaire ! C'est un apostat, c'est Judas, c'est l'homme qui adore les faux dieux... C'est un homme qu'on ne salue plus.

Il faudrait pourtant s'entendre. Si je fais ce que vous me dites et comme vous, talent à part, bien entendu, vous vous plaignez ; si je fais autrement c'est bien pis. — Décidément, j'en suis pour ce que j'ai dit : les grands peintres sont de mauvais professeurs, et Raphaël lui-même n'a pu faire que Jules Romain... Mais il a su s'en servir.

XII

LE PLAFOND D'HOMÈRE.

L'ouverture du musée Charles X allait avoir lieu, et le directeur du musée pressait M. Ingres de finir le *Plafond d'Homère*, qui devait en décorer une salle. Exécuté avec une excessive rapidité, car il ne mit qu'un an à le faire, cet admirable ouvrage ne paraissait pas terminé aux yeux de M. Ingres. Il protesta avec énergie contre la décision qui le forçait de livrer son œuvre inachevée, et il ne la laissa sortir de son atelier que contraint et forcé.

Je crois que l'on peut se féliciter de la violence qui lui fut faite, et dont il était si affecté ; car n'était-il pas à craindre qu'il n'ôtât par des retouches incessantes cette légèreté et cette simplicité d'exécution qui donnent au tableau l'apparence d'une peinture à fresque, dont il a tout le jet? La preuve que cette crainte pouvait être fondée, c'est que plus tard il ne fit qu'une retouche, qui ne fut pas heureuse selon moi, au manteau de Molière.

Ses protestations avaient été inutiles. Il fallait que le nouveau musée s'ouvrît, et il s'ouvrit à jour fixe. M. Ingres obtint du moins qu'on construirait après l'Exposition un échafaudage, sur lequel il pourrait terminer son tableau. Cet échafaudage lui servit peu, soit qu'il eût trouvé trop gênante la pose qu'il devait y avoir, soit qu'il se fût aperçu que son ouvrage faisait assez bien d'en bas ; toujours est-il qu'il renonça très-vite à ce genre de travail, et ne fit que changer en une étoffe brune unie la draperie à fleurs qui couvrait l'épaule de Molière, et qui avait bien davantage l'aspect de l'époque.

Placé dans la salle la plus sombre du musée, la dernière que traversa Charles X, le *Plafond d'Homère* fut à peine remarqué.

Le roi, qui craignait peut-être plus la peinture que la musique, était-il fatigué de cette longue promenade et de l'obligation de lever la tête à chaque plafond ? Son entourage crut-il inopportun de lui indiquer cette dernière toile ? Quoi qu'il en soit, M. Ingres nous disait quelques jours après l'ouverture :

« Oui, Messieurs, le roi s'est arrêté dans toutes les salles du musée Charles X, excepté dans la mienne. »

Je n'ai pas besoin d'insister sur le ton dont cette phrase fut dite.

Le public fut, comme le roi, fort indifférent à ce chef-d'œuvre ; il regardait les vitrines, les dorures, levant de temps en temps le nez d'un air fatigué. Quelques artistes seuls, entassés dans le petit coin d'où il était possible de voir l'œuvre de M. Ingres, échangeaient entre eux des expressions d'admiration et d'étonnement.

Plus tard, lorsque je revins d'Italie, je me trouvai dans cette salle avec Édouard Bertin. Ary Scheffer vint nous y rejoindre, et, après quelques instants de contemplation, s'adressant à Bertin :

« Vous qui avez vu l'Italie (Scheffer n'y est jamais allé), dites-moi s'il y a quelque chose d'aussi beau que cela.

— D'aussi beau peut-être, lui répondit Bertin, mais de plus beau... je n'oserais pas le dire. »

On racontait aussi, quand ces salles furent livrées au public, que Delacroix fut si vivement impressionné à la vue du plafond d'Homère, qu'il se fit ouvrir bon gré mal gré la grande galerie, et alla passer une heure devant les Rubens, pour se retremper, disait-il. Il m'a dit à moi qu'avant l'ouverture de la grande exposition de 1855, il était entré un peu en cachette dans la salle d'Ingres :

« J'ai pu examiner de près, par terre, le plafond d'Homère ; je n'ai jamais vu exécution pareille ; c'est fait comme les maîtres, avec rien ; et de loin tout y est. »

Cela me remet en mémoire le mot qu'on attribua à M. Ingres, et qui doit être vrai, car Delacroix m'avait dit, en me racontant cette visite à la salle d'Ingres, avoir été surpris par le maître et en avoir reçu un salut assez froid. A peine Delacroix fut-il sorti, que M. Ingres, appelant un garçon : « Ouvrez toutes les fenêtres, lui cria-t-il ; ça sent le soufre ici. »

Ce mot peint M. Ingres et tout le sérieux, toute la passion qu'il mettait lorsque l'art était en question ; mais à ceux qu'il ne fera pas sourire, il pourra paraître plus que sévère. Il n'est pourtant que l'expression d'un goût épuré par l'étude du beau, et ce n'est pas le beau, il faut le dire, qui domine dans l'œuvre de Delacroix, je parle de la forme, bien entendu ; de là seulement venait cette haine que M. Ingres ne dissimulait pas.

Ceux, du reste, qui cherchent dans les œuvres d'art autre chose qu'un *échantillonnement* de tons heureux, ceux qu'un tapis turc charme, mais n'impressionne pas, ont vraiment quelque droit à ne pas placer à une hauteur aussi grande que le font certains critiques le talent incontestable de Delacroix.

Quant aux théories violentes et exclusives de M. Ingres, on pourrait leur opposer celles de Delacroix, qui, moins conséquent, mettait au-dessus de tout les Grecs et Racine, et n'admettait en musique que Mozart et Beethoven. Me trouvant un jour près de lui au Conservatoire, où l'on jouait du Berlioz, il ne put contenir son indignation :

« Cet homme, me dit-il, ne sait pas se renfermer dans son cadre. Voyez Beethoven, s'il en sort jamais. Quelle mesure ! Ici, du bruit, qu'ils appellent de la *sonorité ;* c'est leur mot. »

Et comme il lisait peut-être un peu d'étonnement sur ma figure :

« Oh ! je sais, on me compare souvent à lui ; mais...

Je n'ai mérité
Ni cet excès d'honneur, ni cette indignité.

Toutes les sorties, quelquefois violentes, de ces hommes de talent ne doivent pas être jugées avec trop de légèreté ; il faut faire la part de la sensibilité excessive de leurs nerfs, des motifs qui agissent sur eux à certains moments.

Je n'ai pas toujours vu Delacroix si enthousiaste d'Ingres, et j'ai entendu souvent ce dernier mettre le talent de Delacroix à part et n'attaquer que sa tendance.

Pourquoi, de tout temps, ces rivalités puériles ont-elles existé ? Pourquoi ces grandes intelligences, au lieu de se jalouser ainsi, ne réunissent-elles pas toutes leurs forces pour atteindre un but noble, élevé ? pourquoi... Mais je ferais sourire ceux qui, comme moi, ont vu de près ces grands hommes, si je continuais l'expression de vœux irréalisables.

Non ; je crois malheureusement qu'on ne verra jamais le calme et la sérénité du génie dominer dans une réunion d'hommes illustres, si ce n'est en peinture, après leur mort, comme dans l'*Apothéose d'Homère*.

XIII

DEUX PORTRAITS.

L'exposition de 1833 fut celle où M. Ingres obtint son plus grand succès, et cette fois presque incontesté.

Il avait envoyé deux toiles : le portrait de M. Bertin l'aîné, et celui de madame de Vaucey, peint en Italie en 1808.

Ces deux ouvrages produisirent dans le monde des arts une sensation bien grande et bien explicable.

Celui de la jeune femme, d'une exécution plus précieuse, d'un modèle plus fin, plus ivoiré, comme il convenait à cette élégante et charmante femme, fut beaucoup moins compris du public; mais les artistes l'apprécièrent au moins autant que celui de M. Bertin, qui, d'une peinture plus large, de sa dernière manière enfin, préparait au *Saint Symphorien*.

Le portrait de madame de Vaucey me rappelle

un fait que me raconta M. Ingres le jour où je vis chez lui cette merveilleuse toile.

Une dame âgée, et assez pauvrement costumée, était venue quelques jours avant lui demander un moment d'audience. A peine entrée :

« Vous ne me reconnaissez pas, dit-elle à M. Ingres, dont la figure indiquait visiblement l'embarras ; et pourtant vous avez fait mon portrait... Mais j'étais jeune alors, et, l'on disait... jolie. Je suis madame de Vaucey. »

M. Ingres s'avança vivement vers elle, lui prit les mains, et remédia comme il put à son manque de mémoire.

En 1808, madame de Vaucey habitait l'Italie et faisait les beaux jours de Naples, et aussi, disait-on, d'un ambassadeur qui y résidait alors. Ayant eu le désir de se faire peindre, elle s'adressa à M. Ingres, alors élève de Rome, qui se trouvait là, sous la main. Est-ce le hasard ou le goût qui guida dans ce choix ? On peut, dans tous les cas, féliciter le modèle.

Quand M. Ingres lui eut demandé le motif de sa visite, elle lui confessa simplement que, dans un dénûment presque complet, elle se trouvait absolument obligée, à son grand regret, de vendre le portrait qu'il avait fait d'elle. Persuadée qu'il mettrait à lui rendre ce service plus d'intérêt que qui que ce fût, elle avait eu la pensée de s'adresser à lui, et de lui faire connaître en même temps le motif qui la forçait à se séparer d'un si bel ouvrage.

M. Ingres m'avoua avoir été vivement ému de cette infortune noblement avouée par une femme qu'il avait connue dans une si brillante position. Il l'assura de son zèle à lui rendre ce service, et me dit avoir réussi assez promptement à vendre ce portrait à un appréciateur bien connu des artistes [1], et pour une somme qui put la mettre au moins à l'abri du besoin.

Le portrait de M. Bertin, dont la réputation est à présent populaire, fut exécuté en très-peu de temps. Il avait été commencé par M. Ingres dans une tout autre pose, et à un point de vue très-différent : debout et le bras légèrement appuyé sur un meuble, je crois, car ce portrait, qui a été assez avancé, peu de personnes ont pu le voir, et je n'en connais, moi, qu'un croquis qui fit partie de l'exposition des œuvres de M. Ingres à l'École des Beaux-Arts ; je n'en ai donc, comme arrangement, qu'une très-vague idée.

Un jour, M. Ingres me raconta les difficultés sans nombre qu'il avait rencontrées à exécuter ce portrait.

1. M. Reiset.

« Je ne pouvais pas, me disait-il,... je ne trouvais rien..._Certes, mon modèle était bien beau, j'en étais enthousiasmé. Mais ce que je faisais était mauvais. »

Madame Ingres l'interrompit, en s'adressant à moi :

« Il faut toujours qu'il recommence ; moi, je trouvais ça très-beau.

— Ne l'écoutez pas, mon cher ami ; c'était mauvais, et je ne pouvais pas l'achever ainsi. J'avais eu le bonheur de tomber sur le meilleur et le plus intelligent des hommes. M. Bertin venait de Bièvres exprès pour poser; il m'avait donné déjà un grand nombre de séances, et je me voyais dans la nécessité de lui dire que tout cela était peine perdue! J'étais désolé.. mais j'eus ce courage.. Savez-vous ce qu'il me répondit ? — « Mon cher Ingres, ne vous occupez pas de moi; « surtout ne vous tourmentez pas ainsi. Vous « voulez recommencer mon portrait ? à votre « aise. Vous ne me fatiguerez jamais, et, tant que « vous voudrez de moi, je serai à vos ordres. » Cela me remit la joie au cœur, ajouta M. Ingres ; je le priai de prendre ainsi que moi un peu de repos, et plus tard j'ai trouvé... et j'ai fait le portrait que vous avez vu. »

J'appris, à une autre époque où la famille Bertin voulut bien m'accueillir avec tant de bonté, d'autres détails que ne m'avait pas racontés M. Ingres. M. Bertin lui-même, en me confirmant ceux que je savais, me parla de la peine que lui avait causée le désespoir de M. Ingres, pendant les séances. « Il pleurait, me disait M. Bertin, et je passais mon temps à le consoler. — Enfin, il fut convenu qu'il recommencerait. Un jour qu'Ingres dînait ici, nous prenions, comme aujourd'hui, à cette même place, le café en plein air; je causais avec un ami, et j'étais, paraît-il, dans la pose du portrait. Ingres se lève, s'approche de moi, et me parlant presque à l'oreille : « Venez poser demain, me dit-il ; votre « portrait est fait. » Le lendemain, en effet, je reprenais mes séances, qui furent de très-courte durée; en moins d'un mois, le portrait fut achevé. »

J'eus la bonne fortune d'aller voir ce portrait chez M. Ingres avant l'ouverture du Salon. Je me souviens, comme si j'y étais, de l'impression étrange qu'il me produisit, et il me fallut quelques instants avant de m'accoutumer au ton violacé de cette peinture. Je l'ai revu depuis bien souvent, j'en ai même fait une copie, et je m'explique un mot de M. Ingres, que je ne comprenais pas alors : « C'est le temps qui se charge de finir mes ouvrages. »

Ce portrait a complétement perdu l'aspect qui m'avait frappé, et voici pourquoi. Les laques dont M. Ingres avait l'habitude de se servir sont de peu de durée, la lumière tend à les absorber; l'huile au contraire jaunit, et ses peintures anciennement faites, en perdant leurs tons violacés et en prenant une teinte dorée par l'action du temps sur l'huile, ont gagné, sinon comme couleur, du moins comme aspect général. Cela était bien sensible à l'exposition où figurèrent les deux portraits dont je parle. Celui de madame de Vaucey avait l'apparence d'un portrait d'ancien maître, et sa patine faisait contraste avec les tons un peu crus de celui de M. Bertin.

Lorsque mon œil se fut fait à ce premier aspect, qui, je l'avoue, me déplut, je ne saurais dire l'admiration que firent naître en moi la beauté et la puissance de cette tête de vieillard. Tout me parut merveilleux; l'exécution, pour moi commençant, fut une énigme. Je restai ébloui, et ne pus ouvrir la bouche. Que pouvais-je dire en effet?

Un monsieur, que je ne connaissais pas, invité comme nous l'avions été, mes camarades et moi, moins modeste ou plus sûr de lui, se lança dans des compliments, fort gênants toujours pour l'homme qui les reçoit en pleine figure; mais il eut le tort d'aller un peu loin, et je n'oublierai jamais l'expression indignée de M. Ingres, quand ce Monsieur lui dit: « Je ne crois pas que Raphaël ait fait un plus beau portrait que cela... »

M. Ingres fit d'abord un bond, pivota un instant sur lui-même, et s'adressant à ce Monsieur : — « Je ne permets pas qu'on prononce de pareils noms devant un ouvrage de moi, qu'on ose me comparer à cet homme divin, ni à aucun autre de ces grands maîtres ! Je ne suis rien, Monsieur, à côté de ces colosses... Je suis... (et se baissant, il approchait la main du parquet) je suis haut comme ça... (et il baissait toujours la main). Enfin on ne me voit pas, Monsieur... Quant aux contemporains... c'est autre chose. » — Et se redressant pour ne pas perdre une ligne de sa petite taille, en frappant le sol de ses deux talons : « Je suis solide sur mes ergots... je ne les crains pas ! »

J'ai été souvent témoin, chez M. Ingres, de ces excès de modestie et d'orgueil tout à la fois. J'ai vu plus tard ce même homme qui se faisait si petit tout à l'heure, furieux d'un article très-flatteur, mais qui manquait peut-être d'enthousiasme, et que Delescluze avait publié dans les *Débats*. Il jura même de ne plus exposer tant que ce critique ferait le Salon dans ce journal.

C'est que l'éloge est bien difficile à décerner à ces grands hommes. Il y a toujours à craindre de dire trop ou pas assez. Aussi avais-je grand soin de ne m'y risquer jamais.

Mon admiration muette pour mon maître amena un jour une scène assez curieuse à son atelier, où je me trouvais avec Mottez, devant le *Cherubini*, qu'il était en train d'achever. « Eh bien ! nous dit M. Ingres, vous ne trouvez rien à me dire ? »

Nous fîmes tous deux un geste négatif.

« Il y a cependant à la main de la Muse quelque chose qui ne me contente pas... le doigt en avant... »

Entraîné un peu malgré moi :

« C'est vrai, je trouve...

— Ah ! vous voyez bien... pourquoi ne me le disiez-vous pas ?

— Parce qu'il ne me paraît pas permis de faire une observation que vous n'auriez pas provoquée.

— C'est vrai, vous avez raison... Eh bien ! que trouvez-vous ? »

Je lui expliquai que, l'index venant en avant, il me semblait qu'il devait avoir plus de largeur à l'extrémité, au lieu d'aller en s'amoindrissant, comme dans le tableau.

« Ah !... » Et regardant Mottez : « Il a peut-être raison... Voyons, posez-moi cette main... »

Et me voilà dans la pose de la Muse, et M. Ingres, l'œil animé, regardant, comparant, me disant : « Plus haut, plus bas, » comme à un vrai modèle.

Enfin, il consulta encore Mottez, qui ne trouva pas la chose évidente et ne fut pas d'avis de faire la moindre retouche.

Je me souviens pourtant que M. Ingres était assez ébranlé, et qu'il nous dit en nous quittant :

« Je verrai cela avec le modèle. »

Je dois ajouter que le doigt n'a pas été changé ; mais j'en suis toujours pour ce que j'avais dit.

XIV

L'EXPOSITION DE 1834.

Ce fut avec le *Saint Symphorien* que M. Ingres livra sa dernière bataille.

Fut-elle gagnée par lui à cette époque? Je ne le crois pas, si l'on s'en rapporte à cette majorité un peu bourgeoise qui fait le succès du moment; mais ce qu'il y a de certain, c'est l'unanimité des artistes à reconnaître dans son tableau l'œuvre d'un grand artiste.

Cette toile fut discutée, et souvent avec passion, par les peintres les plus renommés du temps, mais comme on discute Raphaël et Rubens. Il était toujours sous-entendu que c'était une œuvre hors ligne. Le temps a donné raison aux seuls juges des œuvres d'art, aux artistes.

Le public était pour la *Jeanne Grey*.

Nous ne pouvions lutter contre le nombre immense des admirateurs de ce tableau. La porte d'entrée près de laquelle il était exposé dans le salon carré, était encombrée par la foule qu'attirait l'œuvre de Delaroche.

Le *Saint Symphorien*, placé au milieu du panneau de face, avait devant lui un espace plus grand pour des admirateurs moins nombreux, mais dont l'attitude menaçante éloignait bon nombre de bourgeois qui eussent voulu en approcher. L'aspect du tableau parut terne ; il me sembla même, à moi, qu'une légère gaze le recouvrait. On aura peine à croire ce que je dis en le voyant à l'heure qu'il est, tel qu'il a reparu avec ses tons chauds et colorés, à la dernière exposition de l'École des Beaux-Arts.

Il faut dire que M. Ingres n'avait plus, lorsqu'il l'exposa pour la première fois, son ami Forbin pour lui faire les honneurs du Salon. La révolution de 1830 avait commencé à introduire ce régime d'égalité, ridicule toujours, mais insensé dans les arts. Raphaël, comme les autres, aurait passé sous le niveau que tenait dans sa main le directeur des Musées. Aussi, par suite de ce classement, subordonné surtout à la dimension du tableau, l'entourage du *Saint Symphorien* semblait avoir été choisi pour lui donner cet aspect terne et effacé.

On avait placé à côté le *Saint Georges* de Ziegler dont j'ai parlé, et qui m'avait aveuglé à son atelier ; au-dessus, quatre ou cinq vaches grandes comme nature, rentrant à l'étable par un soleil couchant, plus rouge et plus éclatant que l'astre lui-même. Je suis convaincu que ce voisinage nuisit beaucoup à l'aspect premier du tableau ; mais l'œil s'y habitua, et on commença à juger.

Quand je rencontrerai M. Ingres à Florence, je dirai ses impressions, à lui, sur son insuccès au point de vue populaire, et je citerai ses paroles mêmes, dont j'ai conservé le plus exact souvenir.

Ce fut à ce salon que j'exposai pour la seconde fois. Quelques plaisanteries amusantes que m'attira mon *Berger grec*, et surtout les rapports que ce tableau établit entre un des hommes les plus distingués de l'époque et moi, me feront excuser si je parle de cette étude.

J'avais été frappé, dans mon voyage en Grèce, de l'admiration que conservent en général les habitants de ce pays pour les œuvres d'art de l'antiquité. Un jour, un de nos guides, en me montrant une énorme pierre tombée d'un temple, me dit dans un langage mêlé d'italien, de grec, et surtout de gestes : « Ah! Signor, nos pères étaient des hommes, eux! Voyez cette pierre (et il faisait le geste de la prendre d'une main) ; ils la soulevaient ainsi et la mettaient à sa place. — Nous ! (avec un air de mépris) nous

nous mettons quatre (et il faisait semblant de la soulever, en se relevant comme un homme essoufflé), et nous ne pouvons pas. »

Cela me rappelait Homère disant déjà des pierres que lançait Diomède :

« Le fils de Tydée prend dans sa forte main une pierre d'un poids énorme, telle que deux hommes de ceux qui maintenant respirent ne pourraient la porter; seul, il la soulève... »

Je ne sais comment cette idée me revint quand je voulus faire une étude peinte ; toujours est-il que j'imaginai un jeune berger prêt à se baigner, et découvrant sur le bord du ruisseau un bas-relief antique, qu'il regarde avec admiration.

J'éprouvai plus que jamais le désappointement dont j'ai déjà parlé, à l'aspect de ma petite figure, perchée très-haut, et dont la dimension était amoindrie par le voisinage d'une figure colossale peinte par Ziegler. Je ne puis me rappeler sans sourire l'espèce de colère que mon camarade me témoigna de ce voisinage : « Votre figure rend la mienne ridiculement grosse, me dit-il. » Il ne s'occupait pas le moins du monde du tort que la sienne pouvait me faire. Ces explosions d'égoïsme étaient si naturelles, si franches, qu'il n'y avait pas moyen de les lui reprocher.

Au changement qui eut lieu au bout d'un mois, je me trouvai placé dans le grand salon, au-dessus de la porte d'entrée, fort près, par conséquent, de la *Jeanne Grey*. La foule, qui se portait toujours de ce côté, me permettait souvent d'entendre, sans être vu, les quelques observations qu'inspirait mon pauvre tableau. Un jour, un gros monsieur à lunettes d'or demanda, près de moi, à son fils qui tenait le livret :

« De qui est ce jeune berger ?

— D'un élève d'Ingres, répondit le jeune homme, en me nommant.

— Ah ! d'un élève d'Ingres ! c'est étonnant ! » Et tournant les yeux du côté du *Saint Symphorien :* « Son maître *muscle*... Il ne *muscle* pas, lui... Il *musclera* plus tard, ajouta-t-il, » pensant probablement que mon éducation n'était pas achevée dans ce sens.

Un autre jour, madame de Girardin arrive chez ma sœur, et du pas de la porte :

« Tu sais, lui dit-elle, comment j'appelle le tableau d'Amaury ? Le poulet au cresson.

— Et de ces poulets qui font renvoyer une cuisinière, » ajouta madame Gabriac, sa cousine, qui était là ; et nous tous de rire.

Ah ! que tout cela était gai et charmant ! Quels souvenirs aimables me rappelle le nom de cette femme si admirablement douée, et que son esprit peut-être a empêchée d'avoir du génie. Que de saillies plus amusantes les unes que les autres je l'ai entendue dépenser entre son frère et moi! Elle n'était pas difficile pour son auditoire. Riait-elle de bon cœur en nous racontant les mots d'une naïveté un peu crue de Baptiste, le domestique de sa mère! Et cet argot que nous avions inventé au collége, et qu'elle parlait quelquefois devant de grands personnages. Ce jour enfin où, en présence d'un ambassadeur quelconque, il lui échappa, en me parlant, un tutoiement, vieux reste d'habitude d'enfance. — Au mouvement étonné que fit le visiteur: « Ah! c'est qu'il faut que vous sachiez, lui dit-elle, que nous avons été élevés ensemble... et même... bien mal élevés. »

Jamais, dans ses mots, et ils étaient nombreux, la moindre méchanceté, ce qui est si difficile et si rare. C'était de la gaieté spirituelle, de l'esprit le plus fin, mais de l'esprit bon enfant.

Sa cousine, madame Gabriac, était douée comme elle d'une verve intarissable. Élève d'Ingres, il y avait assez de talent dans sa peinture pour qu'elle ait vécu longtemps et courageusement de son travail. Un homme sut distinguer les qualités nombreuses de cette charmante femme et l'épousa à Rome. Elle passa là trente ans de sa vie au milieu de tous les chefs-d'œuvre qu'elle savait admirer, et entourée d'une famille charmante qui l'adorait.

Tout cela a disparu, et je n'ai pu retenir, en rencontrant ces deux noms, ce souvenir de vieilles et fraternelles affections.

A côté des plaisanteries amusantes et des critiques très-justes, qu'il me soit permis de parler de l'approbation que voulut bien donner à mon tableau l'artiste hors ligne dont je fis la connaissance, comme je l'ai dit, à cette occasion.

Édouard Bertin venait d'exposer, l'année précédente, un paysage qui avait produit dans le monde des arts une grande sensation, et dont j'avais été bien vivement frappé. C'était une révolution dans le genre classique du moment, un retour vers le Poussin. Des masses simples, de grandes lignes, l'absence d'un feuillé minutieux, l'aspect grand et large de la nature.

Je ne connaissais pas l'auteur. On me le montra au Salon, et je l'examinai avec un double intérêt : d'abord, parce que c'était un homme de talent, et puis parce que je retrouvais dans sa tête vigoureuse et expressive une ressemblance avec le portrait de son père par M. Ingres.

Je n'avais jamais eu l'honneur de lui être présenté, et je me croyais, sous tous les rapports, complétement inconnu de lui.

Un soir, à l'Opéra, placé dans un des couloirs qui conduisent aux stalles, je vis Édouard Bertin qui regagnait sa place ; je m'effaçai pour le laisser passer, et, au moment où il était assez près de moi pour me toucher presque, quel ne fut pas mon étonnement de l'entendre m'adresser la parole, et, sans s'arrêter, sans lever les yeux vers moi, me dire : « Vous avez au Salon une charmante figure ; je vous en fais mon compliment. »

Mon émotion et ma surprise furent si grandes, que je me souviens de n'avoir pu répondre un mot ; je ne fis que m'incliner, et me reprochai ensuite de ne lui avoir pas témoigné tout ce que ce compliment pouvait avoir de flatteur pour moi.

Dès ce jour, la connaissance était faite : bientôt nos rapports se changèrent en une amitié qui dura trente-sept ans, et que la mort seule a interrompue, sans qu'aucun nuage fût venu jamais l'assombrir.

XV

DÉPART POUR L'ITALIE.

Quand toutes les émotions du Salon furent passées, quand je pus réfléchir à ce que je devais entreprendre, je sentis qu'il me fallait, avant toute chose, réaliser ce rêve que nous faisons tous, d'un voyage en Italie.

La vie de Paris me devint odieuse du jour où ce désir violent se fut emparé de moi. Tout m'y paraissait vulgaire, commun. J'entendais forcément parler de politique, je trouvais dans tout ce qui se disait autour de moi un côté bourgeois qui me frappait, sans que j'eusse jamais cherché à approfondir cette science. Elle se résumait pour moi dans une corvée ridicule et insupportable, la garde nationale.

On ne saura jamais, je l'espère pour ceux qui viendront après nous, ce qu'avait d'odieux cette épée de Damoclès que tenait le sergent-major de la compagnie, et qu'il laissait tomber sur nos têtes presque tous les mois, sous la forme d'un billet de garde.

Comme s'il l'eût fait avec intention, c'était précisément le jour d'un bal, d'un dîner d'amis, d'une promenade à la campagne, qu'un fatal tambour déposait chez le portier cet ordre absolu. On cherchait bien des prétextes, on en trouvait ; mais c'était reculer pour mieux sauter.

Et que dire du costume ? Le grotesque ne pouvait pas être poussé plus loin. J'avais un ami qui disait sérieusement : « On fera ce qu'on voudra... on ne peut pas me guillotiner... Rien ne me fera sortir dans la rue déguisé ainsi. »

J'avais un bonnet à poil (la génération actuelle ne sait pas ce que c'est) d'une telle hauteur et d'un tel poids qu'il me fallait le tenir en équilibre sur ma tête comme font ces jongleurs qui suivent les mouvements d'un bâton placé sur leur nez, et souvent, à me voir traverser précipitamment la rue, on aurait pu supposer qu'un ami m'appelait de l'autre côté... Pas du tout, je suivais mon bonnet à poil.

Je ne parle pas des émeutes, des tentatives presque journalières de régicide ; on commençait à s'y faire.

Voilà quelle était la réalité.

Le rêve, c'était Florence, Rome, Naples, un ciel bleu, un soleil toujours brillant, le Vatican avec ses fresques, tous ces grands maîtres dont je ne connaissais que les noms, ces peintures que je voyais merveilleuses à travers les descriptions un peu froides de Valery. Aussi, je ne pus résister longtemps au désir d'admirer par mes yeux toutes ces belles choses. M. Ingres était désigné comme successeur d'Horace Vernet à la direction de l'École de Rome ; Hippolyte Flandrin était parti avec les honneurs du grand prix : je fis à la hâte tous mes préparatifs, et, quelques jours avant mon départ, ma sœur réunit tous mes amis dans un dîner d'adieux.

Si je rappelle cette circonstance, c'est que M. Thiers se trouvait à ce dîner. Il était alors ministre, de l'intérieur, je crois, mais à coup sûr ministre, car, avant de se mettre à table: « —Vous allez en Italie, me dit-il, votre maître aussi ; il est nommé directeur de l'École. Dites-lui donc de ma part que si, au lieu de faire des tableaux comme le *Saint Symphorien*, il veut copier les Chambres de Raphaël, je lui allouerai tout ce qu'il me demandera. »

Je devins rouge, et je lui répondis : « Ma foi ! monsieur Thiers, j'aime mieux que vous chargiez un autre que moi de la commission. »

Je dus l'étonner. Il paraît, du reste, qu'il savait alors que Raphaël n'avait pas fait que des vierges.

Cette idée que m'avait exprimée M. Thiers,

ne doit pas surprendre, quand on sait la commande qu'il fit lui-même à M. Ingres, directeur de l'École de Rome, d'un dessin de la *Transfiguration*.

En nous racontant ce fait, M. Ingres ajouta : « Certes, personne n'ignore que je ne crois pas m'abaisser en faisant d'après les maîtres un croquis, un dessin; mais alors je le fais pour moi, comme un élève qui veut apprendre encore. Mais me demander un dessin d'après un autre; moi, directeur de l'École, aller au Vatican avec mon carton sous le bras!.. Je lui ai répondu : « Monsieur le ministre, maintenant, quand je « fais des dessins, je les signe : *Ingres*. »

Que put répondre M. Thiers à ce mot d'une fierté bien naturelle? M. Ingres ne nous le dit pas. Le ministre pensa probablement que tous les artistes étaient les mêmes, pleins d'un amour-propre ridicule, et se rejeta, sans grand regret, sur de jeunes artistes, ce qui était beaucoup plus convenable.

Enfin, je me trouvais débarrassé des tracas inséparables d'un départ. J'avais loué mon atelier. *Tutta la mia robba*, comme j'allais l'entendre dire si souvent, était placée chez mes amis : l'un avait mes quelques livres ; un autre, mon mobilier ! Mon fameux bonnet à poil avait été donné en à-compte à ce brave Brullon, mon marchand de couleurs, qui était, lui, de taille à le porter. J'en trouverais encore la quittance : « *Reçu à compte un bonnet à poil.* » J'étais délivré de ces mille soucis qui surgissent dans les moments de presse, je n'avais plus qu'à embrasser tous les miens ; et le 15 septembre 1834, ceux qui se trouvaient dans la cour des messageries Laffitte et Caillard, purent voir monter dans une des diligences en destination pour Marseille un jeune homme bien ému, et bien complétement heureux.

XVI

IMPRESSIONS DE VOYAGE.

Je ne chercherai pas à rendre les impressions que peut produire un voyage en Italie sur un artiste jeune, très-inexpérimenté, et tout plein encore des illusions et de l'enthousiasme de son âge. Ce serait une suite de ravissements et d'extases qui ne reposeraient pas sur un fond assez solide.

Je suis retourné depuis quatre fois dans ce beau pays, et chacun de ces voyages a modifié du tout au tout mes appréciations premières. N'était-il pas bien naturel que les années, que la comparaison et l'étude plus approfondie des chefs-d'œuvre vinssent apporter dans mes opinions un changement qu'il sera peut-être intéressant de noter, car je crois que la relation d'un voyage en Italie ne peut être complète que si les impressions d'un artiste à ses différents voyages sont naïvement, et je dirai courageusement, consignées ?

Pour moi, au premier moment, j'admirais tout. Je ne croyais jamais qu'il y eût rien de plus beau que ce que j'avais devant les yeux, et je passais le lendemain à une autre admiration, qui ne devait pas être la dernière.

Quand mon esprit fut un peu calmé, quand je pus commencer à faire un choix dans mes admirations, ma jeunesse peut-être m'entraîna vers ce qui était jeune. La naïveté, la grâce me touchèrent plus que le reste. Mon premier voyage fut donc livré au culte des primitifs, avec Beato Angelico pour dieu.

Lorsque je revins en Italie, dix ans plus tard, je compris mieux les hommes du seizième siècle, dont le style, au premier aspect, m'avait semblé contourné et sans vraie grandeur. Je trouvais, je l'avoue avec une sincérité qui a son mérite, plus de caractère dans le dessin de M. Ingres, et, à défaut d'idéal des deux côtés, une personnalité plus accentuée chez mon maître.

Mais aussi quelle part ne faut-il pas faire aux circonstances dans lesquelles on se trouve, à la saison, au ciel pur ou sombre, que sais-je? Autrement, comment expliquer des impressions si diamétralement opposées devant une chose belle, reconnue telle par tous?

Comment suis-je resté presque froid, dans mon dernier voyage, devant le *Joueur de violon*, et n'ai-je plus senti ces battements de cœur qu'il m'avait toujours fait éprouver? Pourquoi la voûte de la chapelle Sixtine m'a-t-elle enthousiasmé la première fois ? et n'ai-je trouvé, au dernier voyage, de vraiment sublimes que les figures allégoriques de Raphaël, si admirablement copiées par Baudry ?

Comment ai-je pu passer une première fois à Venise, sans être arrêté par la vue du plafond de Paul Véronèse, dans la grande salle du palais des Doges ? et comment l'ai-je proclamé dans mon cœur, à mon troisième voyage, la plus belle œuvre que j'aie vue en Italie ?

Je ne parle ici, bien entendu, que de mes impressions ; je ne porte aucun jugement. Je sais assez du métier de peintre pour comprendre et apprécier les beautés de tous genres qui foisonnent dans ces grands maîtres ; je ne veux constater qu'une variété de sensations qui n'existe pas chez moi seulement, considération qui devrait arrêter souvent les jugements trop absolus, surtout trop précipités.

Aujourd'hui, après avoir à peu près tout vu avec liberté et sincérité, après m'être dégagé peu à peu de ces admirations toutes faites depuis des siècles, et qui ont sur notre jugement une si grande influence, maintenant que l'âge a donné à mes opinions plus de poids et de gravité, en leur ôtant un peu de la passion dont ne peut se dégager la jeunesse, je suis arrivé à cette conviction que c'est chez les Grecs seuls qu'il faut aller chercher le sentiment vraiment grand, vraiment sublime, de l'art. La statuaire grecque serait là pour le prouver, si les peintures de Pompéi et d'Herculanum, qui ne sont probablement qu'un pâle reflet des ouvrages d'Apelles et de Zeuxis, ne témoignaient pas suffisamment de l'élévation et de la pureté d'un art qui laisse loin derrière lui tout ce qui a été fait depuis des siècles, et surtout ce qu'on fait de nos jours. Les Grecs me paraissent avoir seuls compris le but de l'art, ou plutôt n'en avoir eu qu'un seul, et, le jour où l'on s'est écarté de ce but, où l'on a fait des tableaux pour faire des tableaux, on est entré dans une voie de décadence sur laquelle il n'a plus été possible de s'arrêter.

Est-ce ma dernière opinion ? Je le crains, — je n'ai plus le temps d'en changer.

Je me suis un peu écarté de mon sujet. Je reprends le récit de mon premier voyage en Italie.

Je ne fis que traverser Gênes et Pise, et j'arrivai à Florence, où je voulais séjourner quelque temps, sachant que M. Ingres n'arriverait à Rome qu'à la fin du mois de décembre.

Les premiers jours que je passai à Florence me donnèrent de vives inquiétudes pour la suite de mon voyage, et je vis sous un aspect bien triste cette ville où je devais plus tard passer des jours si complétement heureux.

Je ne doute pas que l'excessive animation que je trouvai tout de suite autour de moi, et à laquelle je ne pouvais prendre part, ne fût une des causes de la tristesse qui m'avait assailli.

Je voyageais avec un ami très-spirituel, mais peu amateur des arts, et qui me laissait volontiers passer seul une partie de mes journées dans les églises et dans les musées. Pour cela, je n'avais pas à me plaindre, mon temps pendant le jour étant bien rempli. Mais le soir, ce tête-à-tête que personne n'interrompait, cet isolement dans une foule animée et joyeuse, au milieu de ce monde qui ne paraissait guère connaître d'autre occupation que le plaisir, avait sur nous deux une influence des plus maussades, et qui frisait le découragement.

Surtout à l'heure des *Cascines,* quand nous voyions passer *lungo l'Arno* des équipages élégants et de charmantes femmes adressant, de la main, à leurs amis, ce bonjour qui ressemble à un baiser, sans que pas un de ces jolis doigts se dirigeât de notre côté, nous ne pouvions alors dissimuler notre ennui, mon ami surtout, qui ne cessait de me répéter : « Toi du moins, tu as ta peinture ! »

C'était en effet pour moi une compensation bien grande, et les trésors que je découvrais, dont je n'avais eu aucune idée, ces œuvres d'art, ces merveilles qu'on voit à chaque pas, à chaque coin de rue, commençaient à remplir suffisamment ma vie, quand une rencontre que j'eus le bonheur de faire vint rompre notre solitude et ajouter à notre existence un élément plein de charme, et d'un intérêt immense pour moi.

Un soir, au théâtre de la *Pergola*, j'aperçus de loin Édouard Bertin, que je ne savais pas en Italie. Le mot gracieux qu'il m'avait dit un jour, et que j'ai rapporté, quoique ce fût le seul qu'il m'eût adressé, m'autorisait au moins à le saluer ; je le fis, et quelle ne fut pas ma surprise de le voir se lever, venir à moi et me témoigner par de vives assurances le plaisir qu'il avait à me rencontrer !

Il nous invita, mon ami et moi, à l'aller voir, et nous passâmes alors de charmantes soirées, toutes pleines de causeries intéressantes, de discussions qui eurent sur moi une très-grande influence, et, je crois, très-heureuse.

Peu de temps après cette rencontre, il était convenu que nous l'attendrions et partirions ensemble pour Rome. Il avait reçu de M. Thiers la mission de faire mouler en Italie tous les marbres les plus célèbres.

Ses occupations le retinrent encore un mois à Florence, et, pendant ce mois, mon temps se passa à voir, à dessiner, à admirer.

XVII

ROME ET L'ACADÉMIE.

Les premières et bien vives émotions que je ressentis à mon arrivée à Rome tenaient plus à des bribes de souvenirs recueillis au collége et conservés encore frais dans mon esprit, qu'à l'aspect de la ville elle-même. J'avais peine à me croire sur ce sol foulé jadis par tant d'hommes que j'avais toujours un peu considérés comme des êtres de raison, et qui reprenaient là leur forme humaine, leur réalité. La pensée qu'ils s'étaient arrêtés près de ce tombeau, qu'ils avaient gravi cette voie qui mène au Capitole et où la trace de leurs chars se voit encore, me jetait dans une espèce d'étonnement vague qui tenait du rêve. C'est surtout à l'âge que j'avais alors, que ces sensations se font sentir avec une telle vivacité; peut-être n'est-ce qu'à cet âge.

Je me souviens qu'à quelques lieues de Rome le conducteur de notre voiturin, frappant aux vitres de la voiture, nous annonça qu'on voyait

Saint-Pierre. Je m'élançai, passant la moitié de mon corps à travers la portière, et, quand je vis à l'horizon cette coupole immense, dominant toutes les collines qui l'environnent, et que je me dis : Voilà Saint-Pierre de Rome ! il me courut un frisson dans tout le corps, et je fus pris d'une émotion qui ne ressemblait à aucune de celles que j'ai éprouvées dans le cours de ma vie.

Je fus trop vite ramené à terre par tous les tracas d'une arrivée et les ennuis d'une installation. Nous trouvâmes enfin pour Bertin, mon ami et moi, un petit appartement tout à fait convenable, *piazza de' Capuccini*. Cette petite place, plantée d'arbres assez beaux, et faisant suite à celle du Triton, avait conservé son vrai caractère romain.

Quoique fort près du quartier habité par les étrangers, notre coin de Rome n'en avait pas pris, le vilain ou l'élégant côté, comme on voudra : rien de plus pittoresque, et de plus étrange pour moi, que ces attelages de buffles couchés près de la fontaine du Triton, et ces conducteurs à guêtres de cuir, à culotte de velours, fièrement campés près de leurs animaux.

J'étais tout heureux de cette installation, que n'avaient pu me faire espérer le *Corso* et la *via de' Condotti*, que nous venions de traverser. Tout se présentait sous un aspect charmant pour l'hiver que nous devions passer à Rome.

Après quelques courses un peu désordonnées à travers les monuments, les églises, les rues, où, à chaque pas, un fragment antique, une ruine admirable vous arrêtent; après ces musées parcourus fiévreusement, cette campagne et ces villas dont rien ne peut rendre la splendeur, il nous fallut pourtant songer aux devoirs de société, qui ne cessent jamais de vous poursuivre où que vous soyez, et, quelques jours après notre arrivée, nous nous rendîmes un dimanche soir à l'Académie de France, dont Horace Vernet était encore le directeur.

Je fus frappé, en entrant dans le salon, de l'élégance toute parisienne qui y régnait. Au milieu de femmes charmantes, d'ambassadeurs, de princes italiens, de ce que Rome avait de plus brillant, je fus heureux de retrouver d'anciens camarades, Flandrin, Simart, élèves de l'Académie, qui me firent le plus chaleureux accueil. Je fus présenté par Bertin à Horace Vernet, et reçu avec une cordialité un peu militaire qui me mit tout de suite à l'aise; ensuite à madame Vernet. Malgré moi, je cherchais des yeux une personne dont j'avais entendu parler depuis peu, mais souvent, car on prévoyait un mariage prochain.

Enfin, tout au fond du salon, étendue à moitié sur un canapé, j'aperçus mademoiselle Vernet, ou plutôt ce fut pour moi comme une espèce d'apparition, car on ne pouvait imaginer rien de plus gracieux, de plus beau, de plus élégant que cette jeune fille qui, par sa taille fine et souple et ses traits d'une pureté complète, réunissait la beauté des statues antiques et le charme des vierges du moyen âge.

Auprès d'elle était assis Delaroche. Je ne pouvais tarder à aller la saluer, et, au risque de troubler un tête-à-tête, je m'approchai d'elle et m'inclinai profondément. Elle se souleva un peu, fit un mouvement de tête, et reprit sa conversation. Plus tard, lorsqu'elle fut devenue madame Delaroche et qu'elle me fit l'honneur de me recevoir chez elle comme un ami, je m'amusai à lui rappeler sa réception, dont elle s'excusa gracieusement, en m'expliquant l'ennui qu'elle avait à subir de ces constantes présentations d'individus qui ne faisaient que passer, et qu'elle ne revoyait jamais.

J'aurais eu, certainement, bien tort de m'arrêter à cette première impression, car il m'a été donné d'apprécier depuis, chez cette femme remarquable, les sentiments les plus élevés, et en même temps une intelligence très-vive, toute dirigée vers les choses belles et nobles. On sait sa mort prématurée et les regrets profonds que cette mort a causés parmi ses amis.

Je voulus aussi être présenté à Carle Vernet, dont le nom avait eu un si grand retentissement à l'époque de ma première jeunesse. Il était fort âgé, et je savais qu'il ne lui restait à peu près de son esprit que l'esprit du calembour.

J'en eus la preuve, car, aussitôt que mon nom lui fut prononcé :

« Mon cher ami, me dit-il, à la première représentation d'un opéra-comique de votre oncle : *Maison à vendre*, j'étais seul au foyer à ne lui pas faire compliment.

— Et toi, Vernet, tu ne dis rien? me fit-il.

— C'est, lui répondis-je, que tu nous as trompés. Tu appelles ton ouvrage : *Maison à vendre*, et moi, je ne vois là qu'une *pièce à louer*. »

On comprend que j'applaudis vivement. Mais lui, continuant : — « En 1797, je passais sur le boulevard, donnant le bras à votre père... »

Distrait peut-être par le monde qui m'entourait, ou craignant de voir tous les membres de ma famille y passer, j'écoutai avec peu d'attention ce second calembour, que j'ai oublié, et qui, je le crains, a été ainsi perdu pour la postérité.

Madame Vernet eut probablement pitié de moi; elle m'envoya Flandrin, avec un prétexte quelconque pour me délivrer. Je pus continuer alors l'examen de ce salon si curieux pour moi, et écouter Ambroise Thomas, qui se mit au piano et joua en compositeur, comme chante Gounod, c'est-à-dire mieux que tous les exécutants attitrés les plus célèbres.

On peut imaginer combien ces réunions, avec des éléments si variés, devaient être intéressantes. Tout ce qui passait à Rome d'hommes distingués s'y rendait, et le fond était composé de ces jeunes gens pleins de talent déjà, et dont il était curieux de prévoir les grands succès futurs. Aussi fûmes-nous exacts à nous rendre aux soirées de l'Académie, qui cessèrent lorsque M. Ingres vint y remplacer Horace Vernet comme directeur.

XVIII

M. INGRES A ROME.

La nouvelle de l'arrivée de M. Ingres se répandit bien vite dans le clan des artistes, et les élèves de l'Académie, ainsi que les peintres du dehors qui professaient pour M. Ingres une profonde admiration, s'entendirent pour aller à sa rencontre et lui faire une entrée digne de lui.

Tous les chevaux que nous pûmes trouver furent mis en réquisition, et, formant une cavalcade assez nombreuse, nous allâmes au-devant du maître jusqu'au tombeau de Néron; mais nous attendîmes en vain. La nuit arrivait fort vite à l'époque où nous étions de l'année, et força chacun de nous de regagner son logis, un peu désappointé. Je ne sais le motif de ce retard toujours est-il que M. Ingres n'arriva que le lendemain du jour où il avait été annoncé.

Le premier dimanche que son salon s'ouvrit, nous nous y présentâmes, Bertin et moi.

Quel changement, grand Dieu! Était-ce bien là le même palais, le même salon, que je revoyais? ce salon où j'avais trouvé naguère une si brillante et si élégante société?

Tout était sombre et morne : une lampe à chaque coin de cette immense pièce, que les tapisseries dont elle est ornée rendent encore plus obscure ; une lampe sur la table, et, près de cette table, madame Ingres tenant un tricot à la main; M. Ingres, au milieu d'un groupe, causant avec gravité. Mais pas l'ombre d'une femme, des habits noirs seulement, rien qui pût égayer les yeux. De plus, l'attitude de ses élèves avait ce quelque chose de contraint et de gêné que nous conservions toujours devant le maître, et qu'un nouveau directeur ne pouvait manquer d'inspirer aussi aux autres jeunes gens.

C'était lugubre.

Notre entrée causa un petit moment d'agitation. Bertin fut reçu à bras ouverts par M. Ingres, qui me témoigna, à moi, un vrai plaisir de me revoir. Mais bientôt le ton cérémonieux reprit le dessus. Je faisais en vain tous mes efforts pour animer un peu tout ce monde, j'allais serrer la main de mes anciens camarades, je m'approchais de madame Ingres, je la complimentais sur son tricot ; rien n'y faisait : ils avaient tous l'air consterné.

Un mot que je prononçai par hasard nous fit descendre enfin de ces hauteurs glacées.

Je témoignai à M. Ingres nos regrets d'avoir été privés de l'honneur de l'accompagner à son entrée dans Rome, et je citai le tombeau de Néron comme le point où nous avions fait halte pour l'attendre.

« Ah ! me dit-il, vous me parlez d'un endroit qui m'a laissé toujours un bien vif et bien doux souvenir, et cette fois encore j'ai voulu m'y arrêter... Car c'est là, ajouta-t-il, que j'ai vu madame Ingres pour la première fois... C'est la vérité, Messieurs, je ne la connaissais pas... Elle me fut expédiée de France, dit-il en riant, et elle ne me connaissait pas non plus... c'est-à-dire... je lui avais envoyé un petit croquis que j'avais fait de moi...

— Et même, tu t'étais joliment flatté, dit madame Ingres sans quitter son tricot. »

On comprend nos rires, auxquels se mêla M. Ingres avec un spirituel entrain.

Alors il nous raconta en quelques mots l'histoire de son mariage. Il était triste, isolé à Rome ; il fit part à un de ses amis de l'état de spleen où il se trouvait : cet ami avait précisément dans sa famille une jeune personne douée de toutes les qualités qui pouvaient assurer son bonheur ; tout fut arrangé par correspondance. Un jour, on lui annonça que sa fiancée allait partir pour Rome, et qu'il eût à l'attendre. La date était précise. M. Ingres alla au-devant d'elle jusqu'au tombeau de Néron, et là, il vit descendre d'un voiturin la femme qui allait être la sienne. « Et qui a tenu, ajouta-t-il en la regardant, toutes les promesses de son ami, et au delà. »

Ce petit récit, fait par M. Ingres avec une bonhomie charmante, madame Ingres l'écoutant comme une chose toute naturelle, nous parut tout à fait intéressant, et nous ne pûmes que les féliciter bien vivement.

La conversation prit un autre tour; on parla des merveilles de Rome, des chefs-d'œuvre qui nous entouraient.

« Vous les connaissez tous déjà sans doute, Messieurs, nous dit M. Ingres ; moi, je n'ai encore rien revu. Les tracas d'une installation... Pourtant j'ai été faire ma prière... je n'ai pas besoin de vous dire où... Ah ! Messieurs, c'est plus beau que jamais. Plus je vois cet homme, plus j'y découvre de beautés. Nourrissez-vous-en, Messieurs, prenez-en tout ce que vous pourrez prendre... C'est la manne tombée du ciel, celle qui vous nourrira, vous fortifiera... »

Quand M. Ingres s'animait ainsi en parlant des maîtres, ses yeux brillaient d'un éclat extraordinaire, sa tête devenait belle, et je ne pouvais le regarder sans une vraie admiration.

Huit jours après cette soirée, nous étions invités à dîner à l'Académie.

Ce dîner fort étrange devint intéressant seulement vers la fin.

A peine le rôti servi, je compris que quelque chose d'extraordinaire venait de se passer, à la figure de M. Ingres, à ses tournoiements sur sa chaise, à son tapotement de doigts sur la table. Puis, il ne mangeait plus, et jetait sur madame Ingres des regards furieux, qui finissaient en sourires, quand il pensait qu'on pouvait s'en apercevoir ; madame Ingres impassible, et nous tous consternés, moi surtout, qui, en élève soumis, craignais d'avoir été cause, par quelque parole inconsidérée, d'un état si étrange.

Un mot échappé à un convive mit fin à cette position et changea le cours des idées de M. Ingres.

« Je ne peux pas comprendre, avait dit cette personne, qu'on admire Watteau et qu'on prononce même son nom ici.

— Comment ! s'écria M. Ingres ; savez-vous, Monsieur, que Watteau est un très-grand peintre ! Connaissez-vous son œuvre ? C'est immense... J'ai tout Watteau chez moi, moi, Monsieur, et je le consulte... Watteau ! Watteau !... »

On peut juger de notre position à tous, surtout à cause du malheureux qui avait émis cette opinion. C'était heureusement un ami de M. Ingres, et il put s'en tirer assez adroitement; mais M. Ingres ne l'écoutait pas et continuait à dire entre ses dents : « Très-grand maître, Monsieur, très-grand maître !... que j'admire !... »

Madame Ingres donna le signal un peu plus tôt probablement, pour mettre fin à cette scène, et l'on se rendit au salon, où j'allai tout de suite savoir auprès d'elle le mot de l'énigme qui m'avait tant occupé.

Elle se mit à rire et me dit : « Vous ne croiriez jamais ce qui l'a mis dans cet état... Eh bien ! je vais vous le dire... C'est parce que j'ai fait servir un rôti de veau... et qu'il n'admet pas qu'on serve ce plat quand on a du monde. Voilà tout. Vous comprenez que, n'ayant pas trouvé autre chose, je me suis dit : Il faudra bien qu'on s'en contente.

— Quel bonheur ! dis-je ; j'avais tellement peur qu'on ne l'eût blessé par quelque mot !

— Pas du tout, me répondit-elle, voilà d'où venait son humeur. »

Je m'empressai, un peu en riant, d'aller rassurer les convives, fort intrigués.

Quelques personnes ne tardèrent pas à arriver, et le salon se remplit à peu près. Les élèves, qui, en général, ne sont invités qu'un ou deux à la fois au dîner du dimanche, descendirent et firent nombre ; mais toujours des hommes ! et par conséquent le même aspect sinistre.

Alors commença cette fameuse soirée de l'Académie, qui se répétait tous les dimanches, et que je n'ai jamais vue varier pendant mon séjour à Rome.

Ambroise Thomas se dirigeait vers le piano. Chacun s'asseyait en silence, M. Ingres au milieu du salon, la tête haute et s'apprêtant à écouter. Alors le silence était complet. Malheur à celui dont la chaise craquait, et certaines chaises en paille de l'Académie étaient sujettes à ces craquements ! M. Ingres se retournait furieux du côté du bruit; bientôt, l'inquiétude même qu'on éprouvait vous empêchant de prendre une assiette assez solide, le bruit recommençait, et aussi le regard irrité de M. Ingres.

Mais la sonate de Mozart était terminée, et Thomas, échappant à tous les applaudissements, allait se cacher dans un coin, auprès de Flandrin. Certes il pouvait les recevoir, ces applaudissements bien mérités et bien sincères.

D'autres artistes lui succédaient, jouant toujours de la musique *vertueuse*, comme M. Ingres appelait celle de Mozart, de Beethoven et de Gluck.

Enfin, chacun se retirait, le plus grand nombre en regrettant sans doute les brillantes soirées d'Horace Vernet, moi toujours fort heureux d'avoir vu mon maître et entendu des chefs-d'œuvre si habilement rendus.

XIX

DE ROME A NAPLES.

L'hiver que je passai ainsi au milieu d'hommes distingués, entouré de chefs-d'œuvre incomparables, est une des époques de ma vie dont j'ai gardé le plus vif et le plus intéressant souvenir.

La présence de Bertin attirait dans notre modeste logement presque tous les artistes français qui se trouvaient à Rome à cette époque. C'est là que je vis Decamps pour la première fois. Invité fort aimablement par lui à visiter son atelier, je m'empressai de m'y présenter à la première occasion.

Il travaillait alors à son tableau du *Supplice des crochets*. Je fus frappé de l'éclat et de la force qu'il arrivait à mettre dans sa peinture, et peut-être vit-il mon étonnement, quand je regardai de près ces empâtements qui n'avaient aucun rapport avec notre manière de peindre, car il me dit : « Ce sont des moyens ; je voudrais bien arriver au même résultat à moins de frais, mais j'ai appris tout seul ou à peu près, et je vous félicite bien d'avoir un maître comme le vôtre... Si je n'étais pas trop vieux, j'irais, je vous le jure, demander à M. Ingres ses conseils, comme un élève qui commence; mais... j'en sais trop... ou pas assez. »

Je fus étonné de ces paroles, qui me donnèrent une plus haute idée encore que je ne pouvais l'avoir d'un artiste arrivé au point élevé où était Decamps, et faisant preuve d'une aussi grande modestie.

Les soirées que nous passions avec des hommes de cette valeur et d'autres moins considérables, mais pleins de verve et d'esprit, étaient plus qu'intéressantes pour moi : elles me furent d'une grande utilité dans ma carrière, car les discussions, qui ne cessaient qu'au moment de se séparer, quand elles ne continuaient pas sur l'escalier, n'avaient trait, bien entendu, qu'à des questions d'art ; si je n'étais pas toujours convaincu, j'y repensais plus tard avec tout mon sang-froid, et mes idées, un peu réalistes alors, perdirent de leur assurance. J'attribue certainement à ces controverses le changement qui se produisit dans ma manière de voir, que l'enseignement de M. Ingres, exagéré par ses élèves, avait un peu trop éloignée, je crois, du côté idéal.

Les visites au Vatican, où je faisais des croquis, les courses à travers les musées et les églises occupaient une grande partie de mes journées. Souvent j'accompagnais Édouard Bertin dans cette campagne de Rome qui n'a d'équivalent nulle part, et rien de supérieur en beauté; et là, le laissant travailler, j'allais, pendant une heure, courir de tous côtés, me contentant d'admirer le ciel, les ruines d'aqueducs qui traversent la plaine immense, les lignes merveilleuses des montagnes d'Albano et de Tivoli; et quand je revenais le trouver, je voyais achevé un de ces magnifiques dessins qu'il a été donné naguères au public de voir et d'admirer.

Cette existence me charmait, et le temps passa bien rapidement; mais il n'était pas possible de prolonger notre séjour : le printemps allait finir, le soleil devenait brûlant, la *malaria* menaçait d'arriver bientôt avec son cortége de fièvres, et Bertin, n'osant plus travailler dans la campagne de Rome, m'annonça un jour qu'il allait s'installer à la Riccia. Je me décidai alors à quitter Rome aussi et à faire le voyage de Naples.

J'avais fait la connaissance, pendant l'hiver, de quelques élèves de M. Ingres entrés à l'atelier depuis que j'en étais sorti, et il fut bien vite convenu que nous frèterions un voiturin, et ferions ensemble le voyage.

C'étaient d'aimables jeunes gens, distingués,

et fort enthousiastes des arts. L'un d'eux, Bodinier, frère du peintre, avait étudié lui-même chez M. Ingres, et, s'il ne produisit pas d'ouvrages au grand jour, c'est qu'ayant commencé un peu tard, peut-être lui fut-il difficile d'apprendre bien à fond le métier; il n'avait du reste aucune ambition, et surtout aucune prétention : très-instruit, adorant la musique, c'était un charmant compagnon, qui, moins jeune que nous, et surtout ayant l'apparence d'un homme âgé, convenait parfaitement pour diriger notre petite troupe.

L'autre était Brémond, qui avait débuté au Salon par un portrait de lui et de toute sa famille, très-remarqué et très-remarquable, quoiqu'il me soit resté dans l'esprit comme une chose étrange. Je crois qu'on peut attribuer le peu de retentissement de ses œuvres à un besoin de produire, à une ardeur si grande, que l'exécution s'en ressentait, et que, n'ayant pas les qualités de coloriste qu'il recherchait, il perdait les qualités de dessinateur innées en lui.

Le troisième, Brisset, était un garçon bizarre, plein d'esprit naturel et d'entrain, mais dont l'exaltation, par moments, pouvait faire redouter une atteinte au cerveau, qui se manifesta en effet une ou deux fois, sans avoir cependant des suites graves. Je pris tout de suite sur lui une grande influence, grâce à l'affection qu'il avait pour moi, et dont je me suis servi souvent, plus tard, pour rendre un peu de calme à sa pauvre tête, facilement exaltée à certaines époques.

Il avait du talent, et, si son cerveau avait été mieux équilibré, je suis convaincu qu'il aurait produit de très-belles œuvres. A l'abri du besoin, il n'eut d'autre but que de faire de la peinture pour lui-même ; sa modestie excessive l'y entraîna encore davantage. C'était chez lui une espèce d'idée fixe de ne faire que de petites études d'après nature, et presque toujours des têtes, rarement jusqu'aux mains. Il prenait une toile assez grande, de celles que nous appelons toiles de 40, et commençait en haut, à gauche, la série de ses études : en général, des enfants ou des vieillards qu'il rencontrait dans la rue, et que, pour un très-modique salaire, il faisait poser une journée devant lui. Sa tête achevée, il passait à une autre, placée tout à côté, finissait la ligne, et commençait le second rang ; ainsi de suite, jusqu'à ce que la toile fût couverte.

La première fois que je vis ce genre de travail et les murs tapissés de ces petites études, je ne pus retenir un éclat de rire, auquel il prit part lui-même ; mais, en les examinant, je fus frappé du mérite réel, du vrai talent qu'elles renfermaient. Il y en avait peu de médiocres, beaucoup d'excellentes ; quelques-unes étaient tout à fait remarquables. J'ignore ce que tout cela est devenu : j'étais fort loin de Paris lorsqu'il mourut, et je n'appris sa mort que longtemps après ; sa femme retourna dans sa famille à elle, que je ne connaissais pas, et je n'en eus jamais de nouvelles.

Il ne me reste donc de ce pauvre ami que le souvenir d'une affection bien réelle, brisée comme tant d'autres.

C'est avec ces trois compagnons que je partis pour Naples, et, dussé-je paraître un peu contempteur du temps présent, je ne résiste pas à dire ce que c'était qu'un voyage en voiturin, cette chose passée, finie, que le progrès a fait disparaître, et qu'on ne reverra jamais.

Le *voiturin* se composait en général d'une vieille berline, avec cabriolet devant, ouvert sur l'intérieur, de deux chevaux et d'un conducteur. Le marché était fait d'avance en partie double et signé des deux contractants. Cette formalité remplie, le conducteur donnait cinq francs d'arrhes, ce qui ne me surprit pas peu la première fois, mais ce qui rendait peut-être le contrat plus obligatoire.

Vous aviez, par cet engagement écrit, droit au déjeuner, au dîner et au coucher, dans les meilleures auberges, bien entendu, des villes que vous deviez traverser ; mais, à vingt ans, dans un pays pareil, sous un ciel aussi beau, il est rare qu'on n'ait pas un appétit et un sommeil à l'épreuve de tout, et nous n'y regardions pas de si près.

On partait d'assez bonne heure, s'arrêtant pour déjeuner dans une ville indiquée d'avance, où l'on avait devant soi deux ou trois heures pour la visiter en tous sens, car ce sont en général de petites villes, mais toujours remplies de peintures, de monuments souvent fort curieux. De même pour la ville où l'on s'arrêtait pour dîner et coucher.

Dans un voyage ainsi fait, pas la moindre préoccupation d'aller vite : le petit trot des chevaux, souvent leur pas, vous laissent parfaitement indifférent ; on sait qu'on fera dix lieues dans la journée, que l'on arrivera à des heures réglées pour les repas et le coucher ; on n'a donc qu'à voir et à admirer le pays, à monter les côtes à pied, souvent à les descendre de même ; presque un voyage de piéton enfin, avec la possibilité de se reposer dans la voiture qui vous suit, quand la chaleur est trop forte, et sans la crainte de causer du retard.

J'ai traversé l'Italie ainsi, dans tous les sens, et j'ai vraiment pu la voir. Depuis, j'ai fait en quelques heures ce que j'avais mis autrefois quatre jours à parcourir, et je me félicite de l'avoir visitée avant l'invention de ces merveilleux moyens de transport qui vous privent de mille détails charmants, qui vous font passer comme une flèche devant ces ravissantes petites villes que quelques heures suffiraient pour visiter, mais où l'on aurait trop de temps à passer, s'il fallait attendre le train du lendemain, et qui n'auraient plus peut-être d'abri à vous offrir.

A mes derniers voyages, j'avais cet âge où l'on éprouve toujours la crainte de ne pas arriver : aussi ai-je très-agréablement profité du nouveau moyen d'aller vite au but ; mais il y aurait de l'ingratitude de ma part à ne pas donner un mot de regret à ces pauvres et modestes voiturins qui m'ont permis de jouir bien complétement, dans tous ses détails, d'un si beau pays et de tous ses chefs-d'œuvre.

Notre première étape fut la Riccia. Nous savions trouver là bon nombre de nos amis, Bertin et quelques autres paysagistes, pour qui c'était un endroit privilégié. Ils nous firent partager leur bon et gai déjeuner, et l'idée me vint alors de les inviter à dîner. Pourquoi pas ? fut le cri général. Bertin avait sa voiture : on chercha des chevaux, on attela, et nous voilà partis de conserve et dînant le soir à Velletri. La partie n'était pas complète ; ils vinrent déjeuner avec nous le lendemain dans les marais Pontins. Le soir enfin, nous dinions tous à l'auberge de Terracine.

Je ne saurais dire combien ce voyage fut gai et charmant : à chaque instant, nous passions d'une voiture dans l'autre, variant ainsi nos conversations en changeant de compagnons de route. La troupe que nous avions entraînée paraissait si ravie de cette partie improvisée, qu'elle nous aurait accompagnés jusqu'à Naples ; mais un obstacle, insurmontable à l'époque où nous étions, nous força de nous séparer à la frontière du royaume des Deux-Siciles. Les passe ports de nos amis n'étaient visés que pour les États du Pape, et rien ne pouvait les autoriser à en franchir les limites.

A notre grand regret, il fallut se dire adieu, pour ne se retrouver que deux ans après à Paris.

XX

POMPEÏ ET L'ART ANTIQUE.

Si ce qu'on entend par Naples est cette agglomération de maisons qui commence à la mer et finit en montant au couvent de Saint-Martin, et que traverse la longue rue de *Toledo*, Naples est bien la plus sale, la plus bruyante, la plus affreuse ville que je connaisse. Mais, Dieu merci ! ce n'est pas là Naples. Naples, c'est ce golfe admirable qui se termine en face par les lignes si harmonieuses de Capri, à gauche par le Vésuve, à droite par le Pausilippe ; c'est cette campagne si riante au milieu des bouleversements que la nature y a produits. Pour nous, c'était surtout Pompeï.

Malgré le désir bien vif que nous avions de visiter au plus tôt cette ville rendue au jour après deux mille ans, avec les trésors de toute sorte qu'elle renfermait, nous fûmes cependant retenus à Naples par le musée, qui nous donnait un avant-goût des merveilles que nous allions voir sur place. C'est l'art antique surtout qui fait de ce musée une collection unique, et qui même affaiblit beaucoup l'éclat de quelques œuvres modernes. J'eus le plaisir d'y trouver, dans un coin obscur, et dans une salle peu fréquentée, un ravissant tableau de M. Ingres, *Françoise de Rimini*, fait probablement pour la reine Caroline Murat, et dont on connaît en France une répétition que possédait M. Turpin de Crissé. J'eus une vraie joie à constater que cette peinture si originale tenait sa place sans désavantage au milieu de tant de chefs-d'œuvre.

Enfin, après des visites réitérées dans ce beau musée, le désir d'aller voir à leur source même les admirables débris d'un art dont nous n'avions pas l'idée, nous décida à quitter Naples, et son bruit, et cette agitation qui nous était devenue insupportable. Il est inutile de dire l'étonnement qui nous saisit, le soulagement que nous éprouvâmes en entrant dans ce lieu unique au monde qu'on appelle Pompeï.

Pompeï alors était ouvert à tout venant : un seul et brave gardien, à la porte, surveillait bien distraitement l'entrée et la sortie des visiteurs, et l'on pouvait, avec une permission que l'ambassadeur de chaque nation faisait obtenir, y passer la journée, travailler, dessiner, lever des plans ; on était chez soi, et fort peu dérangé. Aujourd'hui, un tourniquet est placé à l'une des portes, et, une fois entré, on est confié aux soins d'un guide qui ne vous quitte pas un instant, et, ce qu'il y a de pis, vous explique et vous fait admirer. Enfin, cela me consolerait d'être vieux, d'avoir pu jouir de toutes ces choses bien complétement, et surtout autrement.

Nous avions, à la fin de notre journée de travail, un vrai plaisir à aller nous étendre un peu en dehors de la ville, sur les déblais des premières fouilles qui avaient été faites avec peu de soin, et à chercher dans cette cendre assez friable, en creusant avec nos couteaux, de petits fragments de peinture, de petites anses de vases en bronze, des lampes presque intactes : ces trouvailles nous ravissaient, et nous rapportions triomphants le résultat de nos fouilles chez les braves gens qui nous logeaient à Torre dell'Annunziata.

Les longues et fréquentes visites que j'ai faites à Pompeï n'ont pas seulement excité mon intérêt au point de vue de l'esthétique : l'art des anciens, qui diffère si complétement du nôtre, a éveillé aussi en moi une vive curiosité d'en connaître le côté matériel et pratique. Ce côté intéressant ne me semble avoir été étudié que par des érudits, qui manquent absolument des connaissances du métier, et malheureusement, pour approfondir certaines questions, les artistes n'auront jamais l'érudition nécessaire. Aussi me suis-je toujours trouvé réduit à des conjectures, et ne puis-je qu'interroger, et non me prononcer.

J'ai entendu faire bien des suppositions sur les peintures d'Herculanum et de Pompeï : aucune ne me satisfait.

Quelques-uns pensent que ces décorations étaient faites sur des poncifs de peintres habiles, que des ouvriers reproduisaient sur les murs. Comment se fait-il alors que pas une de ces peintures ne se trouve répétée, ainsi qu'il arrive pour nos papiers peints; si le sujet est souvent le même, si la composition est quelquefois presque identique, la dimension diffère, ce qui exclut l'idée d'un poncif; de plus, la valeur de l'exécution varie très-souvent : il faut donc laisser aux auteurs de ces peintures le mérite de l'initiative.

Quant aux tableaux proprement dits, faits sur bois ou sur toute autre matière, j'avoue ne pouvoir me les figurer appendus sur les murs d'un temple, comme on fait de nos tableaux sur les piliers de nos églises : pareille barbarie m'étonnerait bien de la part des Grecs, et je m'imagine difficilement Ictinus consentant à laisser détruire ainsi l'harmonie des lignes de son architecture.

N'y aurait-il pas eu souvent erreur par la faute des traducteurs d'ouvrages anciens concernant les arts? Je lis dans Pausanias : « On y voit le tableau où Arcésilas a peint... » Or, le texte porte : « Arcésilas a peint.., » ce qui est tout différent et indique une peinture murale.

J'aurais besoin de preuves certaines pour être convaincu que les peintres du temps de Périclès peignaient des tableaux, et ne se bornaient pas à décorer des murs. J'avoue que mon esprit se refuse à admettre de la part de ces hommes une telle barbarie.

Le tableau me paraît être une invention des époques de décadence, et par conséquent d'un goût douteux. Aussi les Romains avaient-ils des pinacothèques où ils rassemblaient par vanité des tableaux qu'ils faisaient venir de Grèce : Rome était un débouché, comme New-York à l'heure qu'il est; mais, du temps des Éginètes, du temps de Phidias, le tableau proprement dit ne me paraît avoir ni son but ni sa place.

Les portiques que Pausanias a encore vus, et dont il décrit les peintures décoratives, devaient suffire, et Pompeï, quoique d'une époque de décadence, a pu me donner la conviction que le but des artistes était toujours, aux belles époques de l'art, d'orner, d'embellir l'intérieur d'un temple, d'une habitation particulière; mais le tableau détaché du mur, accroché avec son cadre qui se ferme par un volet[1] ou par des châssis vitrés, vernissé, et par conséquent dans une position inclinée, pour qu'il puisse être vu, un tableau dans ces conditions-là ne peut s'allier, selon moi, avec le sentiment du beau, avec le merveilleux esprit de décoration des anciens.

Mes doutes sur la connaissance bien précise qu'on peut avoir de l'histoire de la peinture dans l'antiquité, reviennent plus fort que jamais quand je lis les contes enfantins et ridicules de Zeuxis peignant des raisins que les oiseaux viennent becqueter, et d'Apelles représentant un rideau auquel Zeuxis est pris lui-même. Peut-on s'imaginer des artistes qui avaient sous les yeux les œuvres de Phidias et les merveilles de l'architecture grecque, et qui se seraient amusés à faire des trompe-l'œil, comme ce brave homme que j'ai connu dans ma jeunesse, qui couvrait les murs extérieurs de l'Institut d'une innombrable quantité de toiles, toutes représentant des œufs sur le plat? — Où a-t-on pris ces contes stupides ? Ce sont des érudits pourtant qui les ont mis en circulation, ainsi que l'histoire de la draperie derrière laquelle se cachait Apelles, pour entendre les opinions et les critiques du public. Com-

---

1. Mazois, *Palais de Scaurus*.

prend-on Apelles admettant la critique d'un cordonnier? comme si Apelles ne savait pas mieux faire les souliers dans ses tableaux que pas un cordonnier d'Athènes ne les fabriquait! Se figure-t-on Rubens demandant aux couturières de la cour si les jupes de ses grandes dames sont dans les règles de leur art?... Et quand c'était une figure nue, une Vénus, qu'Apelles avait peinte, à qui s'en rapportait-il, puisqu'il était si avide de conseils?

Il faut bien peu connaître les habitudes et le caractère des artistes pour croire qu'ils attachent la moindre importance à la critique... du moins pour l'utiliser. Quant à y être sensibles, c'est autre chose.

Je le répète : que d'obscurités dans mon esprit, qu'il me serait intéressant de voir éclaircir par un érudit qui ne rattacherait pas à nos usages, comme il arrive souvent, les usages des époques reculées! Quoi qu'il en soit, ce qui nous reste est assez beau pour nous satisfaire et n'en pas demander davantage. Nous pourrions profiter des exemples que nous avons sous les yeux, et ne pas nous écarter au moins du précepte que les anciens suivaient peut-être inconsciemment, mais que certainement ils n'ont jamais discuté, à savoir que l'art ne doit être que la reproduction du beau, ou ne pas être.

Je défie en effet qu'on trouve dans les ouvrages des anciens l'analogue de Rembrandt, de Murillo, de tous ces grands artistes qui n'ont représenté jamais que des choses laides, hideuses; dont on détournerait les yeux, si elles étaient en nature. Toutes les statues antiques ont le cachet de leur auteur, l'individualité de leur modèle ; aucune ne se ressemble : mais toutes sont belles, toutes ont pour but la reproduction d'un être beau. Si l'on veut se figurer le *Pouilleux* de Murillo ou certaine *Suzanne* de Rembrandt transportés à Athènes du temps de Périclès et mis sous les yeux des artistes de cette époque, j'ose avancer qu'ils auraient détourné les yeux, ou plutôt qu'ils n'auraient pas compris ce que cela pouvait bien être.

Il est difficile de ne pas se laisser aller à toutes ces pensées, quand on se promène dans les rues de Pompeï ou dans le musée de Naples. Tout, en effet, porte son caractère de beauté : les ustensiles les plus vulgaires ont un goût d'ornementation, une finesse de détails, qui font songer assez tristement à nos papiers peints, à nos meubles de palissandre... Nous avons autre chose.

L'étude, quoique bien insuffisante, que j'ai faite de l'art antique pendant mon séjour en Italie, mais surtout dans mes visites à Pompeï, et devant les vases étrusques, m'a fait comprendre ce mot arraché à M. Ingres dans une discussion qui eut lieu en ma présence :

« Les Grecs, Monsieur, les Grecs ! Raphaël lui-même pâlit à côté d'eux. »

Cependant la chaleur devenait excessive : nos journées passées dans ces petites chambres dont le pavé de mosaïque nous brûlait les pieds, n'étaient plus supportables, notre travail s'en ressentait, et nous fûmes, à regret, forcés de reprendre le chemin de Rome, pour aller à Florence pendant les grandes chaleurs de l'été.

C'était à la fin du mois de juin. La Rome que je vis alors ne ressemblait en rien à la ville que j'avais vue quelques mois avant, et je pus en comprendre toute la grandeur et tout le caractère imposant. Ce n'était plus la ville d'étrangers et de touristes, que ses rues sillonnées d'innombrables familles d'Anglais, et que ses voitures de louage et ses fiacres faisaient ressembler aux plus affreux quartiers de Paris. En été, Rome prend l'aspect d'une ville inhabitée : plus une âme dans les rues, dont le pavé reflète un soleil ardent ; toutes les boutiques fermées pendant la grande chaleur du jour, et seulement, de loin en loin, quelques riches équipages de cardinaux ou de *monsignors*, que tirent lourdement de beaux chevaux noirs à tous crins, la tête empanachée de plumes rouges, et, derrière l'énorme carrosse, trois ou quatre valets en livrée gothique, tenant sur l'impériale l'éternel et énorme parapluie roulé [1].

C'était un spectacle tout nouveau pour moi, et un vrai bonheur de pouvoir parcourir tout seul ces merveilleuses ruines, de m'étendre sur les gradins du Colysée, sans être distrait par la vue d'une jeune *miss*, sa lorgnette à la main. J'étais bien à Rome, cette Rome que je m'étais figurée, ou plutôt que m'avaient fait connaître d'avance les belles gravures des Piranesi et les innombrables et originales compositions du peintre romain Pinelli [2].

---

[1]. On m'a dit que ce parapluie servait à abriter les cardinaux lorsqu'ils descendent de leur voiture et s'agenouillent sur le passage du Saint-Sacrement, qu'ils doivent même, je crois, accompagner jusqu'à l'endroit où on le porte.

[2]. Précisément à l'époque dont je parle (juin 1835), rentrant un jour chez moi, je vis, dans une rue qui avoisinait la Trinité-des-Monts, une foule assez grande à la porte d'une maison, où je me figurai qu'avait lieu quelque exposition ou quelque vente d'objets d'art. Je suivis machinalement des gens qui montaient; j'entrai dans un petit appartement très-modeste, et, dans la chambre du fond, je vis, non sans une vive émotion, un homme mort étendu sur son lit, vêtu d'un habit noir, cravaté de blanc, et auprès duquel étaient agenouillées plusieurs femmes en prières. Je reculai, je l'avoue, après n'avoir jeté qu'un coup d'œil rapide, et, à la demande que je fis, on me répondit que c'était le peintre Pinelli.

Les ouvrages de cet artiste, dont la réputation est peu

Je fus vivement frappé de ce nouvel aspect, bien heureux d'une occasion assez rare, car on fuit Rome à cette époque, de voir comme elle doit être vue cette ville unique au monde, qui disparaîtra avant peu, comme tout ce qui est beau, pour faire place à ce qui est utile.

répandue en dehors de l'Italie, sont innombrables; j'en ai vu dans presque toutes les auberges et dans toutes les salles de restaurants de Rome, et j'ai été frappé de l'énergie un peu sauvage, mais très-puissante, de ses compositions. Elles représentaient en général des Transtévérins jouant aux boules, à la *morra*, dansant la saltarelle, des disputes où l'on y allait du couteau. Tout cela, d'un entrain et d'une vigueur remarquables ; mais peu de variété comme types et comme dessin. Je n'en ai pas assez vu pour me prononcer sur Pinelli ; ce qui est hors de doute, c'est que c'était un artiste, et remarquablement doué.

XXI

LA VIE A FLORENCE.

Me voici pour la seconde fois dans cette belle Florence, où je devais séjourner longtemps, retenu par des études très-intéressantes sur les maîtres primitifs, par ces merveilleux musées, par ces églises dont les murs sont littéralement couverts d'œuvres d'art, souvent admirables, toujours curieuses à examiner, et aussi, faut-il le dire, par l'existence douce, charmante et gaie que nous y menions.

L'attrait en était si vif, que, lorsqu'il nous fallut quitter, après deux ans de séjour, cette vie si heureuse et si tranquille, ce fut pour mes camarades et pour moi une douloureuse émotion : je me souviens qu'au moment où, à quelques lieues de Florence, notre conducteur nous montra, de la hauteur où nous étions, le Dôme et la tour de Giotto, que nous ne devions plus apercevoir, aucun de nous ne put retenir ses larmes.

Ceux qui maintenant visitent Florence, les

artistes même qui y séjournent, auront peut-être de la peine à comprendre une émotion si vive, et pourtant bien réelle.

Moi aussi, depuis, j'ai revu Florence, et je ne l'ai pas reconnue. Elle était devenue capitale. C'est tout dire. Elle avait perdu ce charme tout particulier que je lui avais trouvé ; ce n'était plus la bergère de Boileau,

> *Qui*, sans mêler à l'or l'éclat des diamants,
> Cueille en un champ voisin ses plus beaux ornements.

Ce n'était plus la Florence qui avait inspiré ces vers que Brizeux écrivit sur mon album :

FLORENCE.

> Je t'ai promis des vers, ô ma noble Florence !
> Mais, pour te bien louer, les muses de la France
> Ont une voix amère, et nul ne m'a doué
> De l'art du Giotto, ni du Cimabué.
> De leur art tout divin si j'avais le mystère,
> Tu serais un bel ange, et, comme au Baptistère,
> Sur la porte de bronze, on voit un séraphin
> Qui chante vers le ciel son cantique sans fin,
> Ainsi tu chanterais, rayonnante de gloire,
> Et tu tiendrais en main un long archet d'ivoire.

Non, c'était une capitale, avec son gaz et ses quais, ses *cascines* transformées sous l'inspiration de l'école moderne, l'école des vallonnements, des formes arrondies et bêtes[1]. C'était une capitale, avec boutiques éclairées *a giorno* pour étaler aux yeux des passants des étoffes et des mannequins habillés en belles dames. Et tout cela si brillant, si étincelant, que l'œil ébloui ne peut plus apercevoir le palais Strozzi, une merveille ! Que dire aussi de ce pauvre cher café Doney, méconnaissable dans son luxe ? un vrai café du boulevard, fond blanc, avec les pâtes dorées que les architectes de notre époque affectionnent particulièrement. C'est hideux.

Mais je ne veux pas décrire cette nouvelle ville, ni la trop décrier ; elle a ses admirateurs, et les gentlemen-riders et autres qui passent *lungo l'Arno*, conduisant des équipages à quatre chevaux, sont contents, et ont bien autre chose à faire que d'admirer les chefs-d'œuvre de leurs vieux artistes.

Qu'on me permette de dire ce qu'était Florence en 1835, et peut-être ferai-je naître quelques

---

[1]. Tout le monde connaît le square de la Trinité. Les organisateurs de ces jardins, qui sont d'une utilité incontestable, et pourraient être charmants, trouvent le moyen, dans un espace de cinquante mètres, de faire des vallonnements, des mouvements de terrain ; cela les amuse : rien de mieux. Mais devant un monument, sur la place qui le précède et qui doit l'asseoir par son horizontalité et en accompagner les lignes, faire des monticules, du pittoresque de jardinets d'enfants, qui de loin lui ôtent, pour l'œil, son assiette, sa solidité... voilà ce que j'ai peine à comprendre, et je trouve Balu bien indulgent de l'avoir souffert.

regrets dans le cœur de ceux qui n'ont pu jouir de cette vie calme et heureuse de la province, sans ses inconvénients, c'est-à-dire avec la liberté d'allures que l'on ne peut guère trouver que dans les grandes villes. Ainsi nous pouvions faire, sans la moindre gêne, deux parts bien distinctes dans notre existence : le travail pendant la journée ; le soir, si le cœur nous en disait, spectacle ou bal.

Un peu vêtus avec le sans-façon des artistes, nous visitions les églises et les musées, et personne ne semblait faire attention au peu d'élégance de notre costume. Le soir, nous endossions l'habit noir, et, cravatés de blanc, nous allions à la *Pergola* entendre la Ungher et faire nos visites dans les loges. Souvent, avant l'heure du dîner, nous allions voir aux *Cascines* le monde élégant qui s'y donnait rendez-vous vers la fin du jour, ou, si nous préférions l'isolement, nous avions pour but de promenade la plus ravissante campagne du côté de San-Miniato ou de Poggio-Imperiale.

Le prince qui gouvernait ce charmant pays était des meilleurs et des plus simples. On le rencontrait presque chaque jour se promenant dans les rues ou aux *Cascines*, bras dessus bras dessous avec la grande-duchesse, et ils étaient tous deux l'objet d'une politesse respectueuse, sans aucun mélange de curiosité gênante.

Il arriva au grand-duc, pendant mon séjour, une aventure assez plaisante. Un Anglais nouvellement arrivé rencontre aux *Cascines* un monsieur qui se promène suivi de deux beaux chiens de Terre-Neuve. L'Anglais prend un bâton, le jette dans l'Arno, qui ce jour-là avait de l'eau, et excite les chiens à l'aller chercher. Le monsieur s'approche et prie l'Anglais de ne pas faire aller ses chiens à la rivière.

« Mais ce sont des chiens de Terre-Neuve! c'est pour aller à l'eau.

— C'est possible, mais je désire qu'ils n'y aillent pas aujourd'hui. »

Cela dit avec la plus grande douceur et une exquise politesse. L'Anglais murmure : « Bizarre... chiens de Terre-Neuve. »

Le monsieur s'incline, appelle ses chiens et s'éloigne.

« Quel est donc cet original qui ne veut pas que des chiens de Terre-Neuve aillent à l'eau? » dit l'Anglais à un garde des *Cascines* qu'il rencontre quelques pas plus loin.

« È il gran duca, signore. »

On dit que l'Anglais, qui devait être présenté à la cour le lendemain, fit ses malles le jour même.

Ce prince n'était pas seulement affable et bon; il s'occupa avec intérêt de son beau pays, et fit faire des travaux importants pour assainir la

Maremme, devenue depuis beaucoup moins insalubre.

Je ne sais si ses sujets l'ont regretté — cela ne me regarde pas; — mais, pendant les deux années que j'ai séjourné à Florence, je n'ai vu ni émeute ni manifestation, pas même l'apparence de la plus petite opposition, pas un sergent de ville dans les rues, et une armée... qui ne mettait pas cinq minutes à défiler tout entière sous mes fenêtres; mais aussi pas un homme ivre dans les rues, pas une rixe. Je n'oserais dire qu'il ne se commit pas quelques méfaits pendant mon séjour; mais, pour une action criminelle, je puis attester que non.

Bons et aimables Florentins, laissez-moi vous adresser du fond du cœur l'expression de ma vive reconnaissance pour votre gracieuse hospitalité et pour le bonheur que j'ai goûté pendant ces deux belles années de ma vie!

Si j'entre maintenant dans quelques détails de mon existence intime, et je le fais pour en expliquer tout le charme, je dirai que nous habitions, mon ami Brisset et moi, deux petites chambres, d'une propreté et presque d'une élégance parfaites, que nous louait dans son appartement une brave et aimable bourgeoise, dont les soins pour nous étaient vraiment maternels.

Ces deux chambres étaient situées au dernier étage d'une maison fort basse, comme elles sont presque toutes à Florence, l'équivalent d'un deuxième étage de Paris ; une vue charmante, que la maison en face de la nôtre, plus basse encore, nous permettait d'avoir sur les ravissantes collines qui entourent la ville ; et dans un quartier élégant, à deux pas de San-Lorenzo et de la belle *via Larga*. Tout cela était gai, aimable, et cette description, qui paraîtra bien peu de chose, je ne la fais pas sans une émotion tout à fait vive.

Chacun de nous avait sa clef, car, j'oubliais de le dire, il n'y a pas de portiers à Florence. Pas de portiers ! il faut avoir vécu à Paris pour bien comprendre la valeur de ces mots. Pas de portiers ! c'est-à-dire la liberté d'aller et venir, de sortir, de rentrer, sans avoir auprès de soi un argus qui vous guette. Nous n'avions donc pas de portiers ; par conséquent nous n'étions jamais préoccupés le soir, quand les nuits si belles de Florence nous attardaient à la sortie du théâtre, de réveiller, et par suite d'irriter un individu qui n'aura plus d'autre but que de se venger. Je ne sais si je me trompe, mais je crois que beaucoup de jeunes gens partageront mon sentiment sur ce genre de liberté.

Dans les premiers temps de notre séjour, la

journée se passait à parcourir les églises et les musées, plus tard à faire des croquis et des études d'après les maîtres. Quel plus charmant métier !

A ce propos, je dois signaler un fait qui indiquerait dans les habitudes du clergé italien une certaine désinvolture, même à l'endroit des choses sacrées, qui est loin d'exister dans le clergé de France. Je ne peux l'attribuer, pour le fait que je vais dire, qu'à un respect très-grand de l'art, et à l'orgueil bien placé que les ecclésiastiques italiens ont de leurs artistes.

Je faisais un jour un croquis dans une chapelle assez mal éclairée, et loin du tableau placé sur l'autel. Un abbé qui passait là me vit, s'approcha de moi, et, après quelques compliments sur mon dessin, s'aperçut que j'étais très-mal à l'aise et trop éloigné de mon modèle : aussitôt il enlève les chandeliers, le tabernacle, fait table rase de l'autel, met un vieux tapis dessus, et y plaçant une chaise : « Montez là, me dit-il ; vous serez beaucoup mieux. » Je fis ce qu'il me disait, mais avec un certain sentiment de discrétion, qu'il ne paraissait pas comprendre, et il me quitta très-étonné de mon embarras et de mes remercîments. Je finis par m'habituer à cette position, un peu préoccupé cependant quand quelque brave femme venait s'agenouiller et prier derrière mon dos. Je vis au bout d'un instant que c'était la chose du monde la plus naturelle, et que personne ne faisait attention à moi.

Je reprends le récit de notre existence journalière.

Nous nous réunissions le matin au café Doney, où l'on nous servait un très-simple et très-modeste déjeuner, qui nous permettait d'avoir la tête libre pour le travail. A peine étions-nous installés à notre table, qu'une femme jeune encore, d'une physionomie charmante, entrait dans la salle, coiffée d'un énorme chapeau de paille, d'Italie naturellement; un collier, composé d'une infinité de rangs de perles fines, lui entourait le cou presque à le cacher, et, tenant à la main une corbeille de fleurs, elle s'approchait, nous saluait gracieusement, offrait à chacun de nous un petit bouquet composé de cassia, dont l'odeur est très-fine, et entouré de violettes ou de roses; puis elle s'éloignait sans attendre la moindre rémunération. Je ne veux pas la faire plus poétique et plus désintéressée qu'il ne faut. Ces petits bouquets valaient à peine un centime, et, au bout de quelque temps, on payait avec une piastre ses générosités, et au delà; mais je n'en trouvais pas moins charmante cette façon de faire le commerce, et je fus tout surpris la première fois que je la vis s'éloigner sans vouloir accepter ce que je lui offrais, et cela avec une grâce parfaite. Rien de plus joli encore que de la voir, *lungo l'Arno*, jeter ces petits bouquets avec beaucoup d'adresse dans des voitures découvertes, où d'élégantes jeunes femmes les recevaient comme la chose du monde la plus naturelle. Aujourd'hui, cette industrie, en se généralisant, a perdu tout son charme.

Après le déjeuner, chacun tirait de son côté ; j'allais, moi, au couvent de San-Marco, où j'avais commencé une copie d'après Beato Angelico.

Le couvent des dominicains de San-Marco renferme, on le sait, une immense quantité de compositions peintes sur les murs par Beato Angelico. Il en existe dans presque toutes les cellules des moines ; quelques-unes sont des chefs-d'œuvre de naïveté et de grâce. Mais ce que l'on sait moins, c'est l'usage traditionnel qui veut qu'il y ait toujours au couvent un fou et un peintre. Les fous ont laissé peu de trace de leur séjour en ce lieu ; mais deux des peintres qui y ont passé leur vie, Beato Angelico et fra Bartholomeo, suffisent largement à la gloire du couvent.

J'avais obtenu la permission de faire la copie des peintures d'une des cellules, et je travaillais là depuis quelque temps, rencontrant dans les couloirs le fou, qui me paraissait très-inoffensif, et plutôt idiot qu'autre chose, et recevant quelquefois la visite du peintre, fra Seraphino. C'était un jeune homme aimable et d'humeur gaie. Un jour que le marquis B. était venu voir ma copie, le frère Seraphino, qui se trouvait là, nous invita tous deux à visiter son atelier. C'était une assez petite salle à coupole, qu'avait occupée fra Bartholomeo.

J'eus beaucoup de peine, en entrant, à retenir une forte envie de rire : j'avais aperçu sur un chevalet le portrait d'une dame décolletée, le cou entouré d'un boa, à la mode de cette époque.

Le marquis, heureusement, sans se déconcerter le moins du monde, commença à débiter une foule de plaisanteries qui furent fort bien prises. J'avais eu le temps de me remettre, et je pus adresser au frère ces compliments banals que nous nous faisons entre confrères. Au moment de prendre congé de lui, il eut un mot d'une modestie fort plaisante. « Eh bien ! lui dit le marquis en lui faisant ses adieux, c'est parfait ; continuez, et faites en sorte d'être un aussi grand peintre que votre prédécesseur Beato, et d'être béatifié comme lui. » — « Ah ! monsieur le marquis, j'ai bien peur que l'un ne soit aussi difficile que l'autre. »

Notre journée de travail terminée, nous nous réunissions vers six heures à la *trattoria della Luna*, où nous avions l'habitude de dîner. Ce restaurant était situé dans la rue *de' Calzaioli*, la plus commerçante, mais la plus étroite et la moins élégante des rues de Florence : elle est devenue aujourd'hui une espèce de rue de la Paix et a fait disparaître, dans son alignement nouveau, notre modeste restaurant.

Une petite salle était réservée aux artistes français ; elle pouvait contenir dix à douze convives, et chaque soir nous nous retrouvions là, tous peintres, ou à peu près. Quelques Français qui n'étaient pas artistes parvenaient à s'y faire admettre, mais devaient forcément subir des conversations qui roulaient principalement sur les arts, et où les paradoxes les plus étranges étaient avancés avec une grande audace. On y était fort gai, et ces dîners modestes, mais excellents, ne dépassaient pas une somme qui paraîtrait incroyable aujourd'hui ; ce que je puis dire, c'est que, si l'un de nous arrivait à dépasser quatre pauls [1], on n'était pas loin

---

1. Le paul valait 55 c.

de lui soupçonner des accointances avec Rothschild. Ces repas se prolongeaient fort avant dans la soirée, excepté les jours de théâtre, où presque tous nous nous rendions très-exactement.

Les saisons de la *Pergola* étaient en général fort brillantes. Mademoiselle Ungher était l'étoile de cette époque. Duprez aussi y chanta, mais il venait d'être engagé à Paris, où il remplaça Nourrit, et ce n'est pas sur le théâtre que j'eus le plaisir de l'entendre pour la première fois ; ce fut à un dîner chez des amis communs. Le maître de la maison était capitaine de place, et je me souviens qu'au dessert Duprez entonna de sa belle voix l'air de Monpou : *Si j'étais le capitaine*, qu'il chanta avec sa perfection accoutumée. Je ne pensai pas à rire de l'allusion, tant j'étais sous le charme de ce beau talent.

Les salles de théâtre d'Italie n'ont aucun rapport avec celles que nous avons à Paris. Tout le monde sait qu'elles n'ont pas de galeries : des loges seulement du haut en bas, et un parterre où un assez large espace réservé à l'entour permet de circuler et de causer avec les personnes qui occupent les loges du premier rang.

C'est parfaitement disposé pour les spectateurs qui, pendant trois mois, sont destinés à entendre à peu près le même opéra et à voir le même ballet. Cette musique, qui n'a pas besoin d'être écoutée bien attentivement, que tout le monde fredonne après la première audition, est bien faite pour un public dont le but, en allant au théâtre, est surtout de rendre des visites dans les loges, presque toutes louées à l'année par la haute société. Quand l'air de bravoure est annoncé par sa ritournelle, les promenades cessent, le calme se fait, on applaudit avec transport la *prima donna di cartello*, et l'on reprend, pendant le reste de l'opéra, la conversation et la petite promenade.

Je dois dire qu'à mon avis la musique de Bellini et de Donizetti ne demande pas une attention beaucoup plus soutenue. Je m'imagine difficilement Gluck devant un pareil auditoire.

Ce qui prouve du reste le peu d'intérêt que l'on prend à la pensée de l'ouvrage, et combien ce petit bourdonnement chantant suffit aux Italiens, c'est l'usage de donner un ballet entre le premier et le second acte de l'opéra. Mais ce qui est plus fort, et ce que j'ai vu très-souvent, c'est que, le premier acte n'étant que très-rarement entendu par le public des loges, qui arrive, comme à Paris, fort tard, quelquefois pour le ballet seulement, on commence par le second acte de l'opéra, le ballet ensuite, et l'on finit par le premier acte. Je n'ai pas été peu surpris la première fois que j'ai vu l'héroïne qui s'était poignardée il y a un instant, revenir, la bouche en cœur, chanter son grand air du premier acte. Sarcey, qui est à la recherche des moyens de faire entendre la pièce entière aux spectateurs, n'a pas pensé à celui-là. Malgré tout, ces soirées étaient charmantes et nous reposaient agréablement de notre travail de la journée.

Je dois ajouter que les bourses les moins garnies, nos bourses d'étudiants en peinture, pouvaient suffire grandement à une existence qui eût été luxueuse partout ailleurs.

Le prix des abonnements à la *Pergola* variait selon la qualité des personnes. J'en eus la preuve quand, présenté à l'administration par un peintre florentin, on voulut bien m'accorder le même rabais qu'à lui. Je me souviens même qu'un monsieur qui venait comme moi s'abonner, fit la remarque qu'on exigeait de lui deux tiers en sus du prix qui m'avait été demandé :

« Mais, répondit le contrôleur, monsieur est un artiste ; vous, vous êtes un marquis. »

Il fallait bien qu'il payât son titre !

XXII

MAITRE ET ÉLÈVES.

J'ai parlé de quelques camarades que j'avais retrouvés en Italie, entre autres de Sturler, qui, habitant Florence depuis trois ou quatre ans, s'était presque italianisé. Il fut pour moi un guide fort utile et un hôte des plus obligeants, car il voulut bien mettre à ma disposition son bel atelier de la *via delle Belle Donne*. J'ajouterai que son esprit d'une vivacité et d'une originalité excessives, ses bizarreries même, donnèrent à nos petites réunions un entrain dont elles auraient peut-être manqué sans lui.

Je citerai encore un autre élève de l'atelier, Mottez, dont Sturler me fit faire la connaissance, et avec lequel je n'ai cessé de conserver depuis les meilleures et les plus affectueuses relations. M. Ingres lui témoigna toujours une grande amitié : un fait qui se passa entre eux, et qui rentre dans le cadre de ces souvenirs, me permet de m'étendre un peu plus longuement sur lui.

Dès le premier moment, j'avais remarqué sa bonhomie charmante et sa franche et spirituelle gaieté. Depuis, j'ai pu apprécier les sérieuses qualités de son cœur. J'ai connu peu d'hommes d'un caractère si naïvement original, bon, dévoué, toujours content, ou du moins paraissant toujours l'être. Il travaille sans penser au succès, sans se soucier de l'opinion des autres. Ce sentiment, chez les artistes, est souvent affecté, mais alors facile à reconnaître ; chez Mottez, il est sincère à n'en pas douter.

Je pourrais lui dire pourquoi, avec tout son talent, parmi des œuvres souvent excellentes, il ne s'en est pas trouvé qui aient absolument frappé le public ; mais il me regarderait avec son gros rire, sans changer un iota à sa façon de faire. Je ne l'en considère pas moins comme celui des élèves de M. Ingres qui a su conserver, en quittant l'atelier, l'individualité la plus complète. Il a été *lui*. Bons ou mauvais, ses tableaux sont de lui, lui seul peut les signer : c'est un bien grand mérite, et bien rare.

Copieur enragé, il aurait pu composer un musée de ses admirables copies. Celles surtout qu'il a faites d'après les Vénitiens, sont des chefs-d'œuvre, et me confirment dans mon opinion sur l'inutilité de ce genre d'étude. Ses tableaux, dans une gamme argentine et claire, ne peuvent pas faire supposer qu'il ait sur sa palette les tons vigoureux et chauds que l'on admire dans ses copies.

Il s'éprit en Italie de la peinture à fresque, fit de nombreuses recherches, traduisit même un traité sur cette peinture par Cellino Cellini, exécuta beaucoup d'essais en ce genre, et voulut introduire en France, ou plutôt y acclimater cette manière de peindre; malheureusement, il le fit avec un peu de précipitation : les murs qu'on lui confia, humides et salpêtrés, ne pouvaient supporter de décoration d'aucun genre; sa peinture ne résista point. Au *Campo-Santo* même, et dans mille endroits, la fresque se dégrade en Italie. Il y a de plus à Paris, pour des peintures religieuses et extérieures, un cas de destruction facile à prévoir, immanquable, celui d'une révolution, où les pierres et les balles ont aussi vite raison d'une œuvre d'art que le salpêtre le plus invétéré. Que de peine, de science et de talent perdus pour le pauvre artiste !

C'est à Mottez que je dois les renseignements dont je me suis servi pour exécuter la fresque de l'église de Saint-Germain en Laye. Non-seulement il m'apprit tout ce qu'il savait au point de vue matériel, mais il peignit devant moi, et me fit peindre sous ses yeux dans son porche de Saint-Germain l'Auxerrois. Comment oublier ces services si rares, si peu de notre temps, s'ils ont jamais été d'aucune époque?

J'arrive à la scène qui eut lieu entre M. Ingres et lui, au moment où il se préparait à quitter Rome. Elle est caractéristique, et peint bien les deux hommes. Mottez avait prié M. Ingres de venir voir à son atelier quelques ouvrages exécutés pendant son séjour en Italie. J'ai dit que M. Ingres avait une grande affection pour Mottez; il avait aussi une véritable sympathie pour son talent. Il se rendit donc à cette invitation et examina, avec beaucoup d'intérêt, tout ce qu'il avait devant les yeux, même ces nombreuses et belles copies faites d'après tous les coloristes du monde. Tout autre que Mottez peut-être n'aurait pas pu s'y fier. Enfin, M. Ingres admirait de grand cœur, quand son attention fut attirée par une étude faite à fresque sur le mur.

« Qu'est-ce que c'est que cela? dit-il brusquement à Mottez...

— Une étude que j'ai faite d'après ma femme.

— Je vois bien... Eh bien! vous allez laisser cela sur le mur?

— Mais, Monsieur, comment faire? Il serait très-dispendieux de la faire détacher et de l'emporter.

— Ainsi ce sera perdu? Eh bien! moi, je la

ferai enlever, si vous ne le faites pas ; c'est un chef-d'œuvre ! c'est comme André del Sarte. »

Et M. Ingres marchait en gesticulant et en poussant des exclamations sans suite. « Laisser cela sur le mur !... c'est impossible, je ne le souffrirai pas ! »

Mottez ne put le calmer qu'en lui disant que, s'il jugeait vraiment que cette étude fût digne d'être conservée, il s'empresserait d'obéir à son désir, qui était pour lui un ordre des plus flatteurs. Un de ces habiles ouvriers italiens fut chargé de l'opération très-délicate, et Mottez rapporta en France ce beau portrait que j'ai admiré souvent à son atelier, où il me raconta l'aventure en riant comme toujours, et sans en tirer la moindre vanité.

A l'heure qu'il est, Mottez, en vrai philosophe, vit retiré au fond de la vallée de Bièvres, avec son fils, charmant et intelligent garçon. Il fait sa peinture, cultive son jardin, fabrique lui-même son vin, qu'il trouve excellent, mais qu'il a le bon goût de ne pas offrir à ses amis, lorsqu'il les reçoit. — Ce séjour à la campagne nous prive un peu du plaisir de nous voir aussi souvent, mais ne nous empêche pas de nous aimer toujours.

Avec de pareils amis et autant d'éléments de distraction en tous genres, on peut imaginer la vie agréable et douce que je menais; peut-être même était-elle un peu trop mondaine. J'aurais pu employer plus utilement mes soirées à des lectures, à des études dont les bienfaits se seraient fait sentir plus tard ; mais, à vingt-cinq ans, il est difficile de ne pas subir des entraînements qui n'ont jamais, du reste, dépassé certaines bornes, grâce à l'amour que nous avions de notre art. Il n'y a guère que l'homme qui ne fait rien et n'a de goût prononcé pour rien, qui puisse, à l'âge où nous étions, courir de vrais dangers.

Pourtant, cette vie si charmante et si calme fut troublée un moment, et notre maître en fut la cause.

Un jour que nous étions à dîner, nous vîmes entrer dans notre petite salle de la *Luna* un de nos camarades, plutôt l'ami que l'élève de M. Ingres, car je ne puis pas dire que j'aie vu un coup de crayon de lui ; mais il était fort instruit, et avait séduit M. Ingres par un certain aplomb de pédagogie, et l'aplomb imposait toujours à M. Ingres; aussi emmenait-il Franck (c'est ainsi que je le nommerai) dans toutes ses petites tournées. Je ne crois pas que ce garçon fût méchant; mais il avait un besoin de bavardage, de *ragots de portière*, comme nous disions, qui le rendait presque dangereux.

Quand il entra, nous eûmes tous la pensée que M. Ingres n'était pas loin; en effet, il nous annonça qu'il le précédait de quelques jours, et qu'ils allaient passer ensemble les chaleurs dans le nord de l'Italie.

Pourquoi fûmes-nous abattus, consternés, ce que Franck vit bien, et ce qui le fit sourire? C'est que nous nous sentions tous sur la conscience quelques péchés plus ou moins gros, qu'il faudrait confesser au maître; malgré notre âge, et quoique nous pussions nous considérer comme émancipés, nous étions toujours devant lui bien petits garçons, et nous n'avions jamais cessé de conserver en sa présence l'attitude réservée d'élèves.

Sturler faisait une grande page d'un style plus gothique que grec; moi, j'avais entrepris une petite composition d'après une légende florentine; et Franck, qui le savait déjà, je ne sais comment, nous lança à ce sujet des épigrammes comme venant de M. Ingres.

« Ces messieurs sont à Florence, aurait-il dit; moi, je suis à Rome... Vous entendez, je suis à Rome. Ils étudient le *gothique*... Je le connais aussi... je le déteste (1)... Il n'y a que les Grecs! »

---

(1) Il avait bien changé d'opinion ; car, d'après ce que

Ces discours augmentaient encore la crainte que nous avions de lui montrer nos essais.

Franck continua ainsi sur ce ton pendant quelques instants ; peut-être en racontait-il plus que n'en avait dit M. Ingres, et le rapportait-il autrement ; mais, dans tous les cas, il fit si bien que nous décidâmes, Sturler et moi, que nous n'irions pas rendre visite à M. Ingres.

Je ne veux pas m'étendre sur les torts que M. Ingres eut dans cette occasion, surtout à mon égard, et je ne me sens pas la force d'accuser un homme que la passion entraînait souvent, mais qui n'aurait pas été peut-être ce qu'il fut, sans cette passion même ; d'ailleurs, les regrets qu'il me témoigna, mais surtout mon admiration pour l'artiste, et ma reconnaissance pour le maître, m'ont fait depuis longtemps tout oublier.

Je n'entrerai donc pas dans les détails d'une affaire que je n'ai rappelée que parce qu'elle amena une scène fort curieuse, où M. Ingres fut avec moi plus expansif que jamais.

J'ai dit que nous avions pris la résolution d'é-

---

m'ont dit plusieurs de ses contemporains, il s'enthousiasma en arrivant en Italie pour les maîtres primitifs, s'arrêta à Pise, fit des croquis au *Campo-Santo*, entre autres, d'après le *Christ* de Giotto, près de la porte d'entrée, et disait :
— « C'est à genoux qu'il faudrait copier ces hommes-là. »

viter M. Ingres. Il entra un matin au café Doney, pendant notre déjeuner, s'approcha de nous, mais ne fut pas long à remarquer la façon cérémonieuse avec laquelle nous l'accueillions ; il se douta qu'il y avait quelque chose de peu naturel dans cette réception, parut lui-même embarrassé, et, après quelques mots sur la pluie et le beau temps, nous salua et sortit du café.

Il alla probablement s'enquérir auprès de Franck du motif de cette réception, car, quelques heures plus tard, se présentant chez Sturler, qui n'avait pas voulu rentrer chez lui de la journée, et où il supposait qu'il me trouverait, il laissa au domestique deux mots : « Je prie Amaury de passer tout de suite chez moi. »

Il n'y avait pas à reculer. Je pris donc le chemin de la place de la Trinité, où M. Ingres avait son pied-à-terre.

J'entre. — A peine m'aperçoit-il, qu'il s'élance vers moi, me prend dans ses bras, et me dit les yeux pleins de larmes :

« Mon cher ami, comment avez-vous pu croire que je pouvais vous faire une offense (je vis à l'instant que Franck avait avoué les ragots qu'il nous avait faits)?... Comment avez-vous pu vous blesser de quelques mots, échappés peut-être dans un moment de mauvaise humeur, surtout mal interprétés et sottement répétés ? Mais ne savez-vous pas bien que vous n'êtes pas un élève pour moi, que vous êtes un fils?... Pouviez-vous douter de l'estime et de l'affection que j'ai pour vous? »

J'étais très-ému, très-pâle ; je balbutiai quelques mots pour l'assurer que j'étais toujours le plus dévoué de ses élèves, le plus profond de ses admirateurs, et que c'était à lui à excuser l'espèce de froissement que des propos mal et méchamment répétés avaient pu me causer un instant.

Cette scène dura assez longtemps. Il me remercia des sentiments que je lui exprimais, me dit qu'il avait toujours compté sur mon dévouement, dont il était heureux... Enfin, nous finîmes par nous calmer tous les deux ; il me fit asseoir près de lui, et commença à me parler de toutes les merveilles qui nous entouraient. — Je préférais beaucoup que la conversation prît ce tour, et je profitai du petit avantage que j'avais sur lui pour me mettre plus à l'aise et le questionner.

Je lui demandai s'il avait repris ses habitudes à Rome, s'il travaillait, s'il s'y trouvait heureux.

« Certes, me répondit-il, c'est le plus beau séjour pour un artiste... C'est peut-être le seul... Mais croyez-vous, malgré cela, qu'il n'y ait pas lieu d'être offensé, blessé de cette nomination qui me tombe sur la tête, au moment où mon pays commence à m'apprécier?.. Je ne me suis pas fait illusion, mon cher ami; c'est un exil... Ils m'ont renvoyé, et ce sont mes confrères de l'Institut qui ont fait le coup... Ils avaient peur... et ils avaient raison... Je sais bien que mon *Saint-Symphorien* n'a pas eu le succès que j'espérais... Il a été mieux que cela... Je l'ai gâté... Mais enfin! le voir comparé... qu'est-ce que je dis?... le voir mettre au-dessous d'un tableau que je ne veux pas nommer!... Enfin!... une vignette anglaise... Je ne dis pas le nom... j'estime l'auteur, c'est un homme de talent... c'est un très-galant homme. Je ne le nomme pas... mais enfin!...

« Du reste, j'ai pris mon parti de toutes ces misères. — J'attends, car je crois que ceux qui viendront après nous, me replaceront à ma vraie place... bien au-dessous, c'est vrai, des sublimes artistes qui nous entourent... au-dessus de mes chers contemporains. »

Il prononça ces derniers mots en se passant la main sur la figure, probablement pour essuyer une larme, et se remit, selon son habitude, à tapoter vivement ses genoux de ses deux mains.

Ce petit discours, prononcé d'une façon saccadée et émue, m'impressionna vivement.

A la fin de cette visite, il me parla de ce qu'il avait vu de moi, en me félicitant de mes tendances *honnêtes.* « Vous ne serez peut-être pas, me dit-il, un peintre...(et alors, faisant le geste d'un homme qui soulève des poids, le poing fermé)... un peintre à la Michel-Ange... Mais... (et changeant d'expression, avec des mouvements arrondis et gracieux) vous avez de l'élégance, de la modestie dans le talent... Vous serez un peintre.... aimable. »

J'avais beaucoup de peine à garder mon sérieux en écoutant ses prédictions, et devant sa pantomime si plaisamment expressive. Je le remerciai de l'avenir qu'il me prédisait, et dont je me contenterais bien complétement ; puis je pris congé de lui.

Il devait partir quelques jours après. En me quittant, il m'embrassa encore avec une vive effusion de tendresse, et me reconduisit jusqu'aux premières marches de l'escalier.

XXIII

RETOUR A PARIS.

Je ne devais plus revoir M. Ingres qu'à son retour à Paris après les six années de son directorat. Je cesserai donc le récit de mon séjour à Florence, puisque aucun autre souvenir ne se rattache à mes rapports avec mon maître, dans cette ville.

Nous nous décidâmes, plusieurs de mes camarades et moi, à quitter ce beau pays, j'ai dit avec quels regrets, vers la fin de 1836.

Après avoir vu un peu en courant Venise, Milan, toute la route enfin qui mène en France par Genève, nous fûmes retenus plus que nous ne voulions dans cette dernière ville par d'aimables Suisses dont nous avions fait la connaissance en route.

Si j'ai un conseil à donner aux voyageurs, mais peut-être leur a-t-il été donné souvent sans qu'ils aient pu se décider à le suivre, c'est de ne jamais remettre au retour pour voir ou visiter les choses même les plus intéressantes. Quand on a bien pris son parti de revenir, quand on revient, on n'a plus d'autre idée que d'arriver. Tout ce qui retarde la marche est un vrai supplice. Venise elle-même ne put me retenir ; aussi n'est-ce pas à ce voyage que je puis dire que je l'ai vue.

Nous quittâmes Milan après avoir jeté un coup d'œil sur la *Cène* de Léonard de Vinci, sur le carton si intéressant sous tous les rapports de l'*École d'Athènes*. Mais il fallait voir comme nous recevions les gens qui nous parlaient de curiosités, de monuments superbes à visiter, de chartreuses tout marbre et or ! Certes, on ne devait pas croire que l'on avait affaire à des artistes. Nous n'écoutions rien, nous ne voulions rien voir, nous voulions arriver à Paris. Nous n'avons pas été les seuls, je crois, à éprouver cette impression.

Sans l'aimable insistance que l'on mit à nous retenir, nous n'aurions certainement fait que passer à Genève, qui ne paraît rien offrir à la curiosité ; et cependant je dois constater une émotion d'art très-vive que j'ai ressentie au musée de cette ville, devant le portrait de madame d'Épinay, par Liotard, et je dois ajouter qu'un jour, à Paris, ayant amené devant M. Ingres la conversation sur ce portrait, j'eus le plaisir de l'entendre formuler, en termes presque identiques à ceux que j'avais employés, son admiration pour cet ouvrage. C'était aussi à son retour de Rome qu'il l'avait vu.

« Je ne sais pas, dit-il, s'il y a un plus beau portrait que celui-là en Italie. »

Je me souviens aussi que, le même jour, il parla dans les termes les plus élogieux, et même avec admiration, d'un portrait de Marie-Louise par Gérard (1).

Enfin, nous arrivâmes à Paris, et chacun de nous, naturellement, tira de son côté.

Cette vie intime que nous avions menée à Florence, où chaque jour on pouvait se retrouver, grâce à l'espace restreint dans lequel nous circulions, cette vie charmante ne pouvait se continuer à Paris, où l'on passe des jours, des mois, des années sans se voir, chacun ayant ses affaires, ses plaisirs, son monde. L'intimité vraie de tous les jours est bien rare, et est interrompue à chaque instant par des devoirs de famille ou de société.

Il en fut de M. Ingres comme de mes amis, lorsqu'après les six années de son séjour à Rome, il revint à Paris. Je n'eus plus l'occasion de le voir que de loin en loin, dans ma famille ou chez des amis, entre autres chez les Bertin. Il

(1) J'ignore où il l'avait vu.

était sûr de n'entendre là que la musique selon son cœur, et cette pensée devait l'y attirer souvent.

Pendant une soirée que je passai avec lui dans cette maison si gracieusement ouverte aux artistes, j'eus l'occasion de voir jusqu'où pouvait l'entraîner sa passion pour la musique. Trouvant sur le piano une partition de Mozart, il la saisit, et s'adressant à mademoiselle Louise Bertin : « Ah ! vous l'aimez aussi, n'est-ce pas ? lui dit-il, ce second Raphaël... Moi, je l'adore ! » Et il couvrit de baisers le volume qu'il tenait à la main.

Cet amour pour la musique et un certain talent qu'il avait sur le violon ont donné lieu à des récits fort exagérés. On a répété, et la légende a fini par s'accréditer, qu'il se croyait sur cet instrument une supériorité assez grande pour mépriser son talent de peintre. Il n'en était rien, et je crois inutile de dire que M. Ingres se trouvait beaucoup plus fort comme peintre que comme violoniste. Je l'ai entendu un jour répondre avec une modestie très-sincère aux compliments qui lui étaient adressés. — « Je n'ai, disait-il, ni l'habileté ni la dextérité des vrais artistes ; mais *j'appuie sur la bonne note.* »

Peut-être, dans sa jeunesse, avait-il eu, et cela est probable, une facilité que l'âge lui fit perdre, car je sus par lui qu'il avait joué la partie de second violon dans les quatuors de Beethoven organisés par Paganini, pendant son séjour à Rome.

Au premier concert que donna à Paris ce célèbre virtuose, la loge que M. Ingres occupait ce jour-là à l'Opéra était à côté de celle où je me trouvais, et je pus, avant le concert, causer avec mon maître par-dessus la séparation. Il me vanta le talent de l'homme que nous allions entendre, me dit la façon merveilleuse dont il comprenait les grands maîtres et savait en rendre le génie ; c'est alors qu'il ajouta avoir joué en sa compagnie à Rome, et avoir pu l'apprécier complétement. Cette soirée très-intéressante n'est pas sortie de ma mémoire, et je me souviens aussi des impressions que ressentit M. Ingres.

La toile se leva sur un immense salon absolument vide : pas un meuble, rien qui en dissimulât la nudité ; et lorsque, par la porte du fond, on vit entrer et s'avancer gravement jusqu'à la rampe un homme long, maigre, vêtu de noir, aux traits singuliers, presque diaboliques, la salle entière éprouva un moment de vif étonnement, presque de frisson.

Aux premières notes graves et profondes qu'il tira de son instrument, on comprit bien vite à qui on avait affaire, et M. Ingres commença à exprimer par des gestes d'admiration tout le plaisir qu'il éprouvait; mais, lorsque Paganini se livra à ces exercices de prestidigitation, à ces tours de force qui ont donné naissance à une si ridicule école, le front de M. Ingres se rembrunit, et, sa colère augmentant en raison inverse de l'enthousiasme du public, il ne put plus se contenir : « Ce n'est pas lui, » disait-il. J'entendais ses pieds frapper d'impatience le parquet, et les mots d'*apostat*, de *traître*, sortirent de sa bouche avec indignation.

Ai-je besoin d'ajouter que son intolérance en musique égalait celle qu'il ne dissimulait pas en peinture? Il ne reconnaissait que les anciens, et ne voulait pas entendre parler des modernes. — Il faisait, je dois le dire, une exception en faveur d'Henri Reber; je crois bien que c'était la seule. Je fus témoin un jour de son enthousiasme après avoir entendu une symphonie de ce compositeur. Il se leva au milieu du salon où cet ouvrage était exécuté, et s'écria tout haut : « C'est comme les maîtres ! » Mais, je le répète, ces exceptions étaient bien rares.

Je ne m'étendrai pas davantage sur ce sujet. Quoi qu'on ait pu dire, la musique a joué un très-petit rôle dans la carrière de cet illustre peintre.

A Paris, M. Ingres ne recevait pas, ou recevait peu ; du moins, je n'ai jamais été invité à passer une soirée chez lui, non qu'il y eût de sa part aucune intention désobligeante, j'en suis sûr ; mais quelques amis intimes et de son âge allaient seuls, je crois, le voir habituellement. De ce côté-là, sa vie m'a été complétement fermée. Il me sera donc impossible de placer maintenant dans un cadre quelconque les différentes occasions où j'ai pu l'approcher, causer avec lui, et retenir les paroles, ou plutôt les sentences nettes et absolues qu'il prononçait lorsqu'il s'adressait à ses élèves, avec un accent, une autorité qui laissaient peu de marge à la réplique, surtout à la contradiction. Je rapporterai un peu au hasard, quand le souvenir m'en viendra, plusieurs des conversations, toujours intéressantes, que j'ai eues avec lui.

J'ai dit que je rencontrais quelquefois M. Ingres chez les Bertin. Un soir que nous y avions dîné tous deux, il me prit à part en sortant de table, me fit asseoir près de lui, et me dit :

« J'ai un service à vous demander. »

C'était l'époque où l'on préparait la grande exposition de 1855.

« Je vais réunir, vous le savez, tout ce que je pourrai retrouver de mes ouvrages pour l'exposition prochaine, et... vous travaillez, je crois, à Saint-Germain en Laye?...

« Je me rappelle avoir fait autrefois les portraits d'une famille Rivière qui habitait Saint-Germain en Laye ; pourriez-vous vous informer si elle a laissé quelques traces qui m'aideraient à la retrouver?... Je me souviens, entre autres, d'un portrait de jeune fille, et je crois que, si j'ai fait quelque chose de bien, c'est ce portrait ; aussi me serait-il très-agréable de l'exposer. »

Je fis à l'instant toutes les démarches possibles. J'étais lié avec le maire, M. de Breuvery, amateur très-distingué des arts. Il fit des recherches dans les documents qu'il avait sous la main, et ne put rien trouver qui le mît sur la trace de cette famille. J'écrivis à M. Ingres l'inutilité de ces recherches, et je ne vis pas à l'Exposition les portraits dont il m'avait parlé. Mais, un jour, je fus tout surpris de trouver au musée du Luxembourg les trois portraits — *donnés par la famille Rivière*. Je ne sais rien de leur histoire ; j'ignore même si M. Ingres les a revus, car c'est après sa mort qu'ils furent exposés. Ils sont actuellement au Louvre, deux du moins, et je ne sais pourquoi celui de la jeune fille n'a pas été placé avec les deux autres. Il est possible que le directeur actuel, ami et grand admirateur de M. Ingres, ait eu la même impression que moi, car ce portrait, dont M. Ingres semblait faire si grand cas, m'a paru la chose la plus faible, je peux dire la seule chose faible qu'il ait produite dans cette première et si admirable manière qui nous a valu le portrait de madame de Vaucey et ceux de M. et de madame Rivière.

Après qu'il m'eut chargé de cette commission, M. Ingres me parla de la grande exposition qui allait avoir lieu. Je lui demandai s'il ferait voir quelques-uns de ses admirables croquis à la mine de plomb.

« Je pense, lui dis-je, que, placée sur la cimaise, au-dessous de vos grandes toiles, une collection semblable serait d'un immense effet. »

Sa figure se rembrunit.

« Non, me répondit-il, on ne regarderait que cela. »

Je crois que M. Ingres, en disant ce mot, se rendait bien compte de la valeur de ses croquis, qui sont supérieurs, à mon sens, à tout ce qu'il a fait en peinture, ou du moins qui le mettent à part de tous les artistes passés et présents ; il n'y a rien d'analogue dans aucune époque, et ces dessins innombrables et merveilleux constituent en grande partie son originalité. — Je dirais volontiers qu'ils sont, dans son œuvre, ce que la correspondance est dans l'œuvre de Voltaire. Aussi avait-il raison peut-être de ne pas vouloir détourner l'attention du public de ses grands ouvrages, tels que l'*Apothéose d'Homère*, le *Saint-Symphorien* et le *Vœu de Louis XIII*, et, tout en le regrettant, je n'insistai pas.

Voici une autre preuve de l'opinion qu'il avait lui-même de ses dessins à la mine de plomb : je tiens le fait de Sturler.

Il lui avait promis de faire le portrait de madame Sturler. Un jour, il arriva chez lui dans l'après-midi, et, en quelques heures, avant le dîner, il eut achevé un de ces croquis qu'il est impossible de décrire, mais qui ont une vérité, un accent, un charme inouïs. Sa vue baissait à cette époque, et il se servait d'une loupe, ce qui aurait pu l'entraîner à des détails mesquins : mais non : la même fermeté, la même grâce à indiquer par deux ou trois coups de crayon des accessoires, des bijoux ; le tout fait avec rien, et charmant.

Quelques artistes amis de Sturler vinrent le soir, et s'extasièrent sur ce dessin. M. Ingres répondit à leurs compliments dans les termes les plus modestes :

« C'est bien peu de chose... je n'y vois plus... je n'ai plus la main... »

Puis, tout à coup, se redressant :

« C'est égal... dit-il; on m'a tout pris, Messieurs, tout... »

Et montrant le dessin du doigt :

« On ne m'a pas pris ça. »

XXIV

COPIE D'UN PORTRAIT.

Qu'il me soit permis de dire comment je fus chargé de faire la copie du portrait de M. Bertin; je pourrai satisfaire ainsi mon désir de raconter un trait d'affectueuse bonté de M. Bertin à mon égard, et remplir auprès de toute sa famille un devoir de gratitude pour les témoignages d'amitié que j'en ai reçus.

J'avais toujours remarqué l'intérêt que M. Bertin prenait à mes travaux et à mon avenir. Un jour que je me promenais avec lui dans son beau parc des Roches, il me dit à brûle-pourpoint :

« Mon cher ami, je ne suis pas aussi riche qu'on le croit ; mais je veux me passer une fantaisie : je veux avoir une peinture de vous. J'ai là une somme de... à votre disposition ; cela paiera votre modèle — une étude, une tête, n'importe quoi. Je voudrais vous offrir plus que cela ; mais nous ne sommes plus au temps où je commandais l'*Atala* à Girodet. »

Je ne puis dire combien je fus touché. Je le remerciai, tout confus de cette pensée flatteuse, et bien reconnaissant d'un service si délicatement offert.

J'allais me livrer à ce travail avec une ardeur bien naturelle, lorsque la mort de M. Bertin mit fin à tous mes projets.

Je ne saurais dire, avec autant d'autorité que ceux qui ont fait son éloge, ce qu'il y avait de bonté, de noblesse, de grandeur, dans le caractère de cet homme distingué; je dirai du moins que je l'ai pleuré du plus profond de mon cœur.

Une année environ après, Armand Bertin, son second fils, me pria un jour de passer chez lui, et me dit, à mon grand étonnement, que son père avait contracté une dette envers moi.

« Je veux l'acquitter, ajouta-t-il, et la somme qu'il avait destinée à un ouvrage de vous est à votre disposition ; mais, puisque vous n'avez pas commencé, je vous avouerai que ce que je désirerais surtout, c'est une copie du portrait d'Ingres, qui, vous le savez, appartient à Édouard, comme aîné de la famille. »

Je m'étais imaginé que cette petite affaire s'était passée entre M. Bertin et moi, et que, lui mort, il ne pouvait plus en être question. Je fus surpris et reconnaissant.

Je me mis à exécuter cette copie avec toute

l'exactitude dont j'étais capable ; mais je n'attendais pas sans une certaine anxiété le jour où le maître la jugerait. Je me rappelais ce que madame Ingres avait dit devant moi : « Ingres prétend qu'on ne peut pas le copier. » Cela n'était pas rassurant. Enfin, ce moment arriva ; et, après quelques minutes d'un examen approfondi, M. Ingres, se retournant vers moi, me dit :

« Je la signerais... et je vous remercie du soin, du talent, ajouta-t-il, que vous avez mis à mon service, et que du reste je devais attendre de vous. »

Rien n'est moins difficile que de faire une copie, surtout d'après l'ouvrage du maître qui vous a enseigné ; mais je fus satisfait pour Armand Bertin de ces paroles élogieuses, dont je ne pris pour moi qu'une part très-restreinte.

Tout à coup, se tournant de mon côté, M. Ingres me dit, à notre grande stupéfaction :

« Pourquoi n'avez-vous pas essayé un autre fond... un fond verdâtre ? »

Armand Bertin ne dissimula pas une marque d'étonnement, et je ne pus m'empêcher de sourire, car je lui avais dit, quelques jours avant, que si, par malheur, M. Ingres n'existait plus, je me serais permis de modifier le fond et de le faire plutôt d'un ton verdâtre. Ce hasard qui me faisait me rencontrer avec le maître, nous frappait tous les deux; mais je pus expliquer l'effet que nous avaient produit les paroles de M. Ingres, en lui disant :

« Comment avez-vous pu supposer, Monsieur, que je me permettrais de faire un changement, même le plus insignifiant, à une œuvre de vous, à plus forte raison un changement de cette importance ?

— C'est vrai... c'est vrai.. vous avez raison ; mais je regrette pourtant que cet essai n'ait pas été tenté. Il est trop tard maintenant. C'est très-bien, et merci encore de ce témoignage d'affection que vous m'avez donné. »

A ce propos, j'ajouterai quelques mots aux réflexions que j'ai déjà faites sur les copies.

J'ai revu ma copie (1) du portrait de M. Bertin assez longtemps après l'avoir faite. Je l'ai trouvée noircie. Lorsque je la fis, le portrait avait déjà pris une teinte plus foncée, les tons violacés avaient disparu : il avait fait son effet, ou à peu près. Pour copier ce que j'avais devant les yeux, je dus me servir de tons semblables à ceux de l'original, mais qui noircissent d'autant plus qu'ils étaient, quand je les employai, du ton de

---

(1) Cette copie appartient à madame Léon Say, fille d'Armand Bertin.

ceux qui avaient déjà poussé au noir. — Il est donc bien difficile d'être certain qu'une copie faite d'après un ancien maître restera toujours telle qu'on l'a peinte.

On connaît les copies de Bon Boulogne d'après les fresques de Raphaël. Elles ont dû être du ton des fresques quand elles ont été faites ; à l'heure qu'il est, elles ont poussé au noir, comme il arrive aux vieux tableaux à l'huile. On peut juger de l'inexactitude du ton en les comparant aux fresques, qui ont gardé leur coloris primitif. La belle copie de Baudry d'après Raphaël conservera-t-elle cette exactitude de ton qu'elle avait lorsqu'elle fut faite? On en jugera dans quelques années.

N'est-ce point encore une objection à opposer au système des copies?

XXV

LE JURY DES BEAUX-ARTS.

M. Ingres était ennemi déclaré de toute espèce de jury pour l'exposition des beaux-arts.

Je l'ai entendu s'exprimer un jour très-catégoriquement à ce sujet.

Quelques injustices trop criantes dont il avait été témoin l'avaient exaspéré de telle sorte, qu'il venait de se démettre de ses fonctions de juré.

« On doit recevoir tout le monde, disait-il, et je ne reconnais à aucun artiste le droit de juger un confrère, car il peut y avoir derrière ce jugement une question d'avenir, quelquefois même une question de pain. »

Rien de plus naturel, de plus ordinaire surtout, que d'émettre son opinion sur le talent d'un de ses confrères, d'en faire même tout haut la critique ; mais l'empêcher d'exposer son œuvre, d'en appeler au public, m'a toujours semblé une très-mauvaise action.

Si, du moins, il était possible de mettre dans ces jugements la plus stricte équité, si les juges pouvaient se flatter d'avoir à leur usage des balances si précises qu'elles pussent faire apprécier la différence qui existe entre le plus faible des tableaux reçus et le meilleur des refusés !... Mais non. Il y a là malheureusement une nuance impossible à percevoir ; il se commet donc nécessairement un manque de justice, dont on ne peut pas calculer la portée, et dont j'ai vu souvent la funeste influence.

Ainsi que M. Ingres, je crois donc le jury, à quelque point de vue qu'on se place, une chose fâcheuse, inutile, qui blesse sans profit un grand nombre de jeunes gens, et qui, loin de produire une exposition composée uniquement de beaux ouvrages, n'a jamais pu donner que des salons où la médiocrité dominait en très-grande majorité.

Quant aux motifs qui règlent les décisions du jury, comme ils ne peuvent être absolus, ce que je viens de prouver à l'instant, il faut nécessairement que chacun des jurés en ait un qui lui soit personnel.

Parmi les raisons que l'on met en avant pour expliquer une exclusion, il en est une que je vais citer parce qu'elle me paraît bien étrange : c'est l'infériorité d'un tableau, comparée, non pas au mérite de ceux qui sont reçus, ce qui serait juste, mais au mérite des tableaux précédents du même auteur.

On peut aller loin avec ce système.

Il me semble que, lorsqu'un homme de talent faiblit dans un de ses ouvrages, ou paraît faiblir aux yeux de quelques-uns, c'est au public seul à prononcer. C'est par discrétion, n'y étant pas autorisé, que je ne cite pas le nom d'un des artistes les plus distingués de ce temps-ci que cette raison fit repousser.

Le jury, ne s'appuyant donc que sur des bases peu solides, impossibles même à établir, ne peut rendre que des jugements fort incertains. Mais, où je trouve ces refus absolument injustes, je dirai coupables, c'est à l'égard des jeunes gens auxquels le gouvernement a offert une éducation gratuite. C'est bien le moins qu'on leur accorde quelques mètres de muraille pour exposer devant le public le résultat de leurs études. Cela rentre dans la thèse que j'ai soutenue à propos des secours que les artistes de l'École sont en droit d'exiger.

Mais enfin, puisque la chose, je pourrais bien dire le mal, existe, puisque chaque année les artistes se plaignent, a-t-on cherché quelque remède à cet état de choses ? Des palliatifs bien insuffisants ont été tentés, et toujours sans satisfaire les intéressés.

Une seule fois, une idée s'était fait jour, — à mon avis excellente, — je veux parler du musée des Refusés.

Si le refus d'un tableau a pour but de décourager l'artiste, on ne saurait trouver un plus mauvais moyen : ce refus ne peut que le poser en victime à ses propres yeux et aux yeux de quelques amis disposés à l'indulgence. — Si c'est une leçon qu'on veut lui donner, la première chose à faire est de lui indiquer ses fautes, de les lui souligner. — Le jury ne se charge pas de ce soin.

Qu'arrive-t-il alors? C'est que l'artiste exagère ce qu'il regarde comme un point de vue nouveau, un trait de génie qui n'a pas été compris, et recommence de plus belle à l'exposition suivante.

La salle des Refusés avait ce grand avantage que l'artiste pouvait là se juger lui-même, voir son œuvre en place, en plein jour. Il pouvait entendre les observations, quelquefois les rires, qu'elle provoquait de la part du public.

La leçon n'était-elle pas bien plus certaine, bien plus efficace?

Cette idée était donc juste et bonne. Elle sauvait tout, faisait taire toutes les plaintes.

Ceux qui ne voulaient pas publier ainsi leur déconvenue étaient libres de se retirer, et, dans ceux qui auraient affronté cette espèce de déshonneur, on aurait trouvé des fous peut-être, mais aussi certainement des hommes de talent.

Ce qu'un artiste qui se croit injustement frappé désire avant tout, c'est d'en appeler au public, de montrer son œuvre : le moyen lui en était tout naturellement offert.

Lorsque Eugène Delacroix, Rousseau, Gigoux étaient refusés, ils auraient saisi avec empressement cette occasion de faire juger leurs œuvres, ce qui ne leur était possible que chez eux, et par conséquent dans un cercle très-restreint.

J'ignore les motifs qui ont mis fin tout à coup à cette exposition des Refusés. On a tenté de la transporter ailleurs ; mais il était évident qu'elle ne pouvait avoir assez d'intérêt pour attirer la foule et subvenir à ses frais. Aussi, le peu de curiosité qu'a inspiré la dernière me fait supposer qu'on s'arrêtera là.

J'ai vu des injustices bien réelles, bien évidentes ; j'ai vu de grandes douleurs, des malheurs même résulter de ces jugements de parti pris et de rivalités d'écoles. Peut-être, à cause de cela, ai-je pris la chose au sérieux, trop au sérieux, selon quelques-uns ; toujours est-il que j'ai pensé beaucoup à cette question, qu'elle m'a longtemps préoccupé, et je suis arrivé à m'apercevoir qu'il y aurait moyen peut-être d'apporter remède à cet état de choses.

Il fallait, avant tout, chercher les améliorations dans l'intérêt des jeunes gens et mettre de côté les idées généreuses, mais impraticables, sur les expositions composées uniquement de belles œuvres, sur le grand art qu'il s'agit de relever.

Ce sont des niaiseries, qui signifient seulement qu'on veut faire réussir son genre, son école, et ne pas admettre autre chose. Un juré n'a-t-il pas dit un jour, d'un ton où la distinction faisait grandement défaut : « Moi, d'abord, je refuse tous les Ingres ! »

En m'occupant de cette question, j'ai mis de côté toute espèce de sentiment personnel. — Si j'ai un peu oublié l'art, qui s'en tirera bien tout seul, j'ai pensé aux artistes, et je vais leur soumettre quelques idées auxquelles je n'attache que l'importance qu'il faut, mais qui pourront en faire naître de meilleures.

Je ne m'occuperai pas de la formation du jury. Elle me paraît convenable ainsi qu'elle est : l'Institut — c'est de droit — et l'adjonction de jurés nommés par les exposants.

De quelque façon, du reste, que soit composé le jury, je l'accepte ; mais je voudrais que le premier article du règlement fût ainsi formulé :

« Une œuvre d'art quelconque ne peut être refusée qu'a l'unanimité des suffrages. »

Une voix s'élevant pour la réception d'un tableau doit suffire, en effet, pour le faire accepter, parce que l'opinion d'un homme qui a l'honneur d'être juré doit être une garantie assez grande ; puis encore, parce que l'homme qui a pris la défense d'une œuvre peut avoir, plus rapidement que les autres, découvert quelques qualités que le temps, qui manque toujours en pareille occasion, pourra faire paraître plus tard, et qu'une autre éducation, un autre goût peuvent rendre moins sensibles.

Je n'aime pas la peinture de certains artistes qu'il est inutile de nommer : je dois dire plutôt que je ne la comprends pas ; mais, un jour, un de mes amis, d'un talent très-distingué, et dans le jugement duquel j'ai grande confiance, arrêté comme moi devant une des toiles dont je veux parler, me dit ces mots : « Eh bien ! il y a quelque chose là dedans. »

Je restai confondu, mais je me promis bien, si j'avais un jour l'honneur d'être juré, de ne jamais refuser aucun ouvrage qui aurait un défenseur, sinon un admirateur ; et je crois que je ne ferais que chose juste.

L'article que je propose d'introduire dans le règlement aurait aussi l'avantage de donner aux décisions du jury un plus grand caractère de franchise et d'honnêteté.

Si l'on objecte qu'il sera toujours facile de trouver dans le jury un ami qui, par complaisance, vous donnera sa voix, cet ami pourra du moins expliquer par quelles raisons, souvent intéressantes, il a voté favorablement.

A mon sens, j'admets qu'en principe cela doit suffire.

Il encourra du reste la responsabilité de son vote, car ce vote peut être rendu public par l'insertion au livret.

Ceci me met sur la voie d'une autre idée que je crois devoir soumettre à l'appréciation des artistes.

On ignore sans doute à quel point sont pénibles les fonctions d'un juré. Obligé de se rendre pendant quinze jours, au mois de mars, dans d'immenses salles froides ou humides; il voit passer sous ses yeux, pendant la journée entière, une masse innombrable de tableaux de tout genre et de toute grandeur, qui bientôt ne forment plus dans sa tête qu'un amas informe et indigeste. Comment exiger d'un homme, dans des circonstances pareilles, le soin et l'attention nécessaires? comment ne pas comprendre que des défaillances et des erreurs résultent naturellement d'un si pénible travail?

Au lieu de cette corvée fatigante et mal faite, ne serait-il pas possible d'établir ce que je nommerai un jury à domicile?

Je m'explique.

Il est convenu qu'on est maître peintre quand on a reçu la croix de la Légion d'honneur, ou, si l'on veut même, les trois médailles du Salon.

Les artistes qui se trouvent dans ces conditions-là auraient le droit de présenter à l'Exposition un nombre limité de tableaux qui leur auraient été soumis, et auxquels ils auraient, pour ainsi dire, donné l'estampille.

Tous les jeunes gens ont un professeur, ou à peu près; à défaut de professeur, ils ont du moins pour quelque célébrité une admiration plus prononcée. Ceux donc qui ne seraient qu'*élèves de la nature* iraient s'adresser à l'homme qu'ils admirent; les autres, à leur professeur.

Là, le maître, usant de son droit et de son autorité, accorderait ou refuserait le visa nécessaire pour l'admission. Il pourrait, en tête-à-tête, donner ses raisons, expliquer son refus, et se montrerait d'autant plus juste et plus sévère que sa responsabilité serait en jeu, car le livret du Salon, au lieu d'indiquer le nom du professeur, ainsi que cela se fait, porterait cette formule:

M. X..., présenté par M. X...

Il est bien entendu que, si le tableau est de trop

grande dimension pour être porté chez le professeur, celui-ci sera prié de se rendre chez l'artiste, et quelques courses peu fatigantes remplaceront les interminables séances du jury.

Quant à l'objection relative à l'indulgence probable du professeur, je répondrai encore qu'il y aurait un bien petit inconvénient à ce qu'un maître, sachant l'utilité qu'il y a pour son élève d'exposer, et connaissant de plus son savoir, prît sur lui la responsabilité d'une œuvre inférieure peut-être à ce dont il le sait capable.

Pour entrer dans les détails, je suppose qu'un jeune peintre montre à son professeur deux portraits : l'un est supérieur à l'autre ; mais le plus faible est payé, et l'on tient à ce qu'il soit exposé. Faudra-t-il cruellement, comme le doit faire le jury, refuser celui qui peut être d'un si grand secours à l'artiste ?

Mais je suis même convaincu que les professeurs auraient pour leurs élèves une sévérité expliquée, et assez grande pour qu'il n'y eût que très-peu d'abus.

Comme il se pourrait qu'un élève refusé par son maître s'adressât à un autre, le livret, pour dégager le maître, indiquerait à la suite du nom du peintre celui de son professeur, avec cette addition : *Présenté par M. X.*

Voilà l'idée, sans plus de détails.

On voit que je désire avant tout que les facilités les plus grandes soient données aux débutants ; mais, une fois admis, reste la question, très-importante à mon sens, du placement des tableaux.

Je pars toujours de ce principe que l'ambition d'un artiste qui débute doit être, avant tout, de montrer son œuvre, d'en faire juge le public ; la question de la place où sera exposé son ouvrage ne doit venir qu'après.

Je crois donc que le directeur des Beaux-Arts et les membres du jury devraient avoir pour mission de placer les tableaux par ordre de mérite, à partir du centre jusqu'aux extrémités.

Le palais de l'Industrie se prêterait parfaitement à cette combinaison — le grand salon du milieu étant considéré comme point de départ.

Mais le directeur des Beaux-Arts et les jurés ne sont point infaillibles : au bout d'un mois, au changement qui a toujours lieu, et qui serait alors bien motivé, les tableaux remarqués par les artistes, le public et la presse, seraient rapprochés du centre, et même pourraient être placés dans le salon d'honneur, ce qui serait déjà une récompense.

On comprend bien que je ne demande pas, pour le premier placement, cette équité indispensable dans les opérations du jury, mais une espèce de tri grossièrement fait, qui faciliterait le travail du public et des amateurs.

Il y aurait un certain intérêt à contrôler l'opinion des premiers juges, et je ne doute pas qu'une œuvre renfermant quelques qualités n'attirât vite l'attention, même dans la salle la plus reculée.

On devrait renoncer naturellement à placer les tableaux par ordre alphabétique, coutume absurde, dont le moindre inconvénient est de noyer une bonne toile, par le fait du hasard, dans une masse d'ouvrages médiocres, d'éparpiller les œuvres remarquables, et de forcer le public à une recherche fatigante.

J'en étais là, je venais de chercher, avec tout l'intérêt et toute la gravité que me paraît comporter ce sujet, une amélioration quelconque à ce jury, objet de tant de récriminations et cause de si profondes douleurs, quand la pensée m'est venue tout à coup que je jouais un peu, dans cette occasion, le rôle d'un Don Quichotte, et que les jeunes artistes actuels pourraient bien me dire avec la femme de Sganarelle : *Et si nous voulons qu'on nous batte ?*

Je ne suis pas persuadé, en effet, quand j'y réfléchis, qu'ils accueillent avec plaisir la création d'un jury plus facile, qui diminuerait aux yeux des amateurs et des marchands l'honneur qu'ils ont d'être reçus.

Aussi, sans regretter les recherches sincères que j'ai faites à ce sujet, je finirai par croire que c'est peine perdue, et par comprendre que ce que veulent les jeunes gens de cette époque-ci, c'est un jury sévère... qui les reçoive. Voilà tout.

XXVI

CANDIDATURE A L'ACADÉMIE

Je ne voyais M. Ingres qu'à d'assez longs intervalles ; mais, chaque fois que j'apprenais qu'un nouvel ouvrage de lui était exposé à son atelier, je m'empressais de m'y rendre, et j'étais toujours très-affectueusement accueilli.

Une circonstance, que je demande la permission de citer, me mit un jour en rapport plus direct avec mon maître.

Une place était vacante à l'Académie des beaux-arts.

Certes, l'idée ne me serait pas venue de me mettre sur les rangs, et je ne l'aurais pas fait, sans mon ami Lehmann, dont j'étais allé voir au Luxembourg le grand et beau travail.

Il me parla de l'élection prochaine, me dit qu'il comptait se présenter, et ajouta qu'il pensait bien que j'allais faire comme lui.

Il insista avec tant de chaleur et de bonne grâce, que je le quittai ébranlé, mais non encore décidé à faire une démarche qui me paraissait prématurée.

D'autres amis revinrent plusieurs fois à la charge, et je pris mon parti.

Mais, avant tout, je voulais avoir l'opinion de M. Ingres, et je lui écrivis pour le prier de me dire si je pouvais tenter une pareille épreuve, ne voulant pas agir sans son consentement.

Il me répondit la lettre que voici :

« Mon cher Amaury,

« Vous voulez bien me consulter sur votre présentation à l'Institut.

« Je n'hésite pas à vous le conseiller ; vous avez un véritable talent, et il est toujours bon de prendre rang. Il est difficile d'arriver tout d'abord, mais on arrive...

« Je me ferai toujours un vrai plaisir de vous être utile, comme à mon élève et mon ami.

« J. INGRES. »

J'allai le remercier, et je rencontrai chez lui Flandrin, auquel il annonça ma candidature, en ajoutant :

« Il faut qu'un jour il soit des nôtres. »

Flandrin fut fort aimable, et me dispensa gaiement de lui faire une visite.

L'Institut de France se compose, comme on sait, de cinq académies.

Je ne parlerai que de l'Académie des beaux-arts, la seule qui m'occupe en ce moment, et dont l'organisation intérieure est, en général, peu connue des gens du monde.

Cette académie est formée de cinq *sections*, et chacune d'elles est attribuée à un des arts libéraux : la peinture, la sculpture, l'architecture, la musique et la gravure.

Lorsqu'une des sections a perdu un de ses membres, la place est donnée naturellement à un artiste dont le genre est représenté par la section.

La première formalité à remplir, pour se mettre sur les rangs comme candidat, est d'adresser au président de l'Académie une lettre dans laquelle, en annonçant l'intention de se présenter, le candidat donne le détail des ouvrages dont il est l'auteur.

Lorsque les lettres de candidature ont été lues par le président, la section se forme en comité secret et compose à la majorité des voix une liste de trois ou quatre noms.

Cette liste a, nécessairement, une très-grande influence sur le vote de l'Académie entière, et il est rare que le premier en tête ne soit pas nommé. S'il reste d'autres candidats, l'Académie, comme fiche de consolation, les place à la suite de la liste de la section.

Voilà le travail qui se fait dans le sein de l'Académie ; mais, avant qu'elle se livre à cette opération, c'est-à-dire aussitôt après l'envoi de sa lettre, le candidat a dû passer par toutes les péripéties d'une odyssée en fiacre, que j'ai faite, hélas ! et dont je n'ai oublié aucune particularité.

Je dus me rendre, selon la coutume, chez tous les académiciens dont je sollicitais le suffrage, et le récit de quelques-unes de ces visites pourra amener des réflexions que je soumettrai humblement à qui de droit.

Cravaté de blanc dès la première heure, car plusieurs académiciens ne sont visibles que le matin, je commençai avec une vive émotion un métier tout nouveau pour moi, et qui d'abord me parut très-embarrassant.

Ma première visite fut pour M. Picot, qui me reçut à merveille. Je n'étais pas un inconnu pour lui ; nous nous étions rencontrés souvent à l'Arsenal, chez Nodier, et je dois dire que je ne pus m'empêcher de me rappeler, en me trouvant en face de lui, après bien des années, la spirituelle plaisanterie qu'il fit un soir et dont je fus témoin.

On donnait un bal costumé à l'Arsenal, et le costume était de rigueur.

M. Picot, malgré la défense, arriva en habit

noir ; mais il s'était fort comiquement ajusté deux énormes oreilles d'âne en papier, et portait au dos une pancarte sur laquelle on lisait :

Pour s'avoir pas déguisé.

Je ne lui rappelai pas ce souvenir d'autrefois. Je fus sérieux ; lui, tout à fait digne.

Après quelques mots sur le motif de ma visite : « Mon cher ami, me dit-il, si j'ai un conseil à vous donner, c'est de ne rien négliger pour être placé sur la liste de la section ; voilà la chose importante.

— C'est précisément pour cela, Monsieur, que je viens solliciter de vous une indulgente bienveillance. »

Alors, me prenant la main, qu'il serra :

« Si cela dépend de moi... »

Je ne le laissai pas achever ; je le remerciai et pris congé de lui.

Je me rendis ensuite chez Brascassat, que je ne connaissais pas. Je trouvai un homme doux, poli, qui me dit peu de choses, et auquel je ne répondis presque rien.

Je n'avais pas compris à mon entrée l'air embarrassé qu'il me paraissait avoir ; je me l'expliquai au mouvement qui se fit dans son atelier, et en apercevant deux candidats, comme moi, que m'avaient cachés jusque-là des toiles sur leurs chevalets.

Je pris très-vite mon parti du côté gênant de notre situation, et, sans le moindre embarras, j'allai leur serrer la main, comme je l'aurais fait dans un salon.

Ces rencontres, auxquelles il fallait s'attendre, n'en étaient pas moins, au fond, assez désagréables. Brascassat ne put pas, naturellement, nous assurer tous les trois de sa sympathie, et nous le quittâmes sans avoir dit un mot du motif qui nous amenait.

M. Cogniet ne recevait pas. Sa porte, pendant ce temps de candidatures, était absolument close ; je n'eus donc qu'à déposer ma carte chez son concierge, en regrettant que cette spirituelle résolution ne fût pas prise par tous les autres académiciens.

Je repris ma course et me présentai chez M. Abel de Pujol ; on m'apprit qu'il était souffrant, et j'allais me retirer, quand madame Abel de Pujol, artiste elle-même, insista avec une grâce toute charmante pour que je visse son mari.

Je le trouvai en effet fort grippé et chaudement enfoncé dans un grand fauteuil. Il me fit asseoir près de lui, car son rhume le forçait à parler bas.

J'étais au supplice de déranger un homme âgé et malade, et, malgré les encouragements aimables de madame Abel de Pujol, je me hâtai de lui dire le but de ma visite, ne voulant pas la prolonger, et m'excusai de mon mieux de mon importunité.

« Oui, Monsieur, me répondit-il, je sais que vous vous mettez sur les rangs ; — il dit ces mots avec un mouvement de tête approbatif. — Maintenant, si j'ai un conseil à vous donner, c'est de tout faire pour être placé sur la liste de la section...

— Je le sais, et c'est pour cela...»

Il inclina la tête, et prit ma main, qu'il serra.

Je trouvais jusqu'à ce moment tous ces membres de l'Institut bien aimables ; ils se répétaient un peu, mais je ne pouvais que me féliciter de leur accueil.

Je remis au lendemain ce qui me restait de visites à faire, ma journée me paraissant assez complète, et je revins chez moi, en pensant au rôle singulier qu'avaient à remplir ceux qui l'avaient déjà joué plusieurs fois. Les réflexions qui me vinrent à l'esprit sont si désintéressées de ma part, que rien ne m'empêche de les dire.

Il est de la plus simple politesse qu'un homme qui demande à avoir l'honneur de faire partie d'une société se présente individuellement aux membres qui la composent, et leur donne ainsi la faculté de juger, à part le talent, celui qu'ils vont admettre parmi eux et avec lequel ils devront avoir de constantes relations. Il n'y a pas besoin d'insister là-dessus.

Mais lorsqu'après une première visite, vous êtes connu de tous les membres de la société dans laquelle vous briguez l'honneur d'entrer, n'est-il pas bien puéril de renouveler cette visite chaque fois que vous vous présentez, et votre insistance apparente ne devient-elle pas une corvée pénible pour celui qui reçoit la visite et pour celui qui la fait ?

Il me semblerait bien simple qu'une fois la première démarche accomplie, et votre nom inscrit sur la liste de la section, vous fussiez considéré dès lors comme candidat pour les autres nominations à venir.

Lorsque l'Académie viendrait à perdre un de ses membres, son rôle consisterait à chercher dans la liste des candidatures, et à nommer après discussion celui des candidats qui lui paraîtrait le plus digne.

Je trouverais quelque chose de plus honorable à une nomination ainsi faite ; ces visites, qui, renouvelées, deviennent assez humiliantes, n'auraient plus de raison d'être, et il suffirait qu'à chaque vacance, les candidats écrivissent à l'Académie pour appeler son attention sur les travaux qu'ils auraient exécutés depuis leur première démarche.

Le titre même de *candidat à l'Académie* pourrait devenir d'une assez grande valeur, si la liste était faite dans un esprit moins facile et après des recherches plus longues et plus approfondies de la part de la classe des beaux-arts.

Telles étaient mes réflexions en revenant chez moi, mais sans que j'eusse la moindre prétention que des idées, peut-être justes et simples, pussent jamais l'emporter sur des habitudes depuis longtemps enracinées.

Je reprends le récit de mon pèlerinage, en l'abrégeant, et ne parlerai plus que de deux visites qui ont laissé une trace dans mon souvenir.

Celle que je fis à Horace Vernet fut des plus intéressantes.

Je n'avais jamais vu son atelier, et, quoique je ne le crusse pas aussi brillant, et surtout aussi bruyant que celui que la gravure a popularisé, je m'attendais cependant à quelque chose d'excentrique. Je me trompais : cet atelier, au rez-de-chaussée, dans la cour de l'Institut, était fort simple, plus simple même que la haute position d'Horace Vernet n'aurait pu le faire supposer.

Je ne pus me défendre, en entrant, de la vive

émotion que me cause toujours la vue d'un homme illustre.

Je n'ai jamais éprouvé pour le talent d'Horace Vernet une sympathie bien grande : la facilité, l'improvisation dans les arts, m'ont toujours semblé des qualités inférieures ; mais, quand ces qualités sont portées à ce point qu'elles ont ébloui pendant de longues années tout un pays, bien mieux, le monde entier, il faut nécessairement s'incliner, et la démarche que je faisais en ce moment me disposait d'autant plus à reconnaître cette illustration et à sentir la distance qui m'en séparait.

Il était seul, vêtu d'un veston collant gris, d'un large pantalon de même nuance, avec de longues poches ouvertes de chaque côté.

Il travaillait à une toile, un *Daniel*, je crois, *dans la fosse aux lions*.

Dès qu'il m'aperçut, il se leva.

« Eh bien ! me dit-il, vous voulez donc entrer dans notre galère ?..

— S'il ne s'agissait que de vouloir !... » répondis-je.

Alors, mettant de côté sa palette, il tourna dans ses doigts une cigarette, plaça, debout qu'il était, son pied sur le poêle, reste de prétention à la souplesse, et aborda tout de suite la question :

« Je dois vous dire que je suis, moi, saint Jean

Bouche-d'Or. Vous n'avez pas de chances, et je ne vous donnerai pas ma voix, parce que je suis pour qu'on ne mette sur la liste de la section qu'un nom ou deux, pas davantage. Je bataille, et je batraillerai toujours pour cela ; ces listes à n'en plus finir, c'est absurde. Un nom, deux au plus... je le disais encore dernièrement à l'Académie... »

Il se lançait dans une théorie sur les listes courtes, quand je l'arrêtai en lui disant :

« Mais, Monsieur, soyez bien convaincu que je n'ai d'autre prétention en ce moment que de prendre date ; il faut bien commencer... et si un jour je parviens à n'être pas indigne...

— Ah ! cela, c'est autre chose, me répondit-il, vous y arriverez, j'en suis sûr... Et tenez... je passais il y a quelque temps à Saint-Germain en Laye ; je suis entré dans l'église, je ne savais même pas qu'il y eût là de la peinture... et j'ai trouvé ça très-bien... J'ai même chargé un curé de vous le dire ; je ne sais pas s'il a fait ma commission... »

Je fus tout surpris, très-flatté, et j'allais le remercier de son indulgence, quand nous fûmes interrompus par l'entrée de M. Hesse, qu'on appelait le père Hesse, pour le distinguer de son neveu, le brillant auteur des *Funérailles du Titien*.

« Ah ! te voilà encore ! lui dit Vernet, tu veux donc être nommé à l'ancienneté ? »

M. Hesse, souriant à moitié : « Tu en parles bien à ton aise, toi... L'ancienneté... j'en ai assez comme ça... »

Vernet de rire, et se tournant vers moi :

« Vous regardez ma petite ordure ? Eh bien ! dites-moi si vous y trouvez quelque chose de trop choquant... Ah ! c'est fini... je n'y suis plus... voyez comme ces mains sont f.....! Ce n'est plus ça. »

Je continuai à considérer son tableau, très-étonné de cette exécution toujours facile, brillante, mais dont l'éclat résistait bien peu de temps, et disparaissait même plus vite que chez aucun autre peintre.

Je ne voulus pas prolonger ma visite, tout intéressante qu'elle était pour moi, dans la crainte de gêner M. Hesse. Je pris congé de Vernet, et lui dis, en le quittant à sa porte, que j'avais eu beau faire, mais que je ne trouvais rien à redire à son tableau. Il sourit, me serra la main, et je sortis, je dois l'avouer, beaucoup plus satisfait de cette réception que de celle de ses confrères.

Je savais du moins à quoi m'en tenir. Horace Vernet m'avait adressé un mot aimable, n'ignorait pas qui j'étais, ce que j'avais fait, et son encouragement avait plus de prix pour moi que toutes les poignées de main des autres.

Il ne me restait plus qu'une visite à faire, celle que je devais à M. Couder ; mais elle n'eut pas lieu chez lui, et à ce propos je dois humblement avouer quelle intrigue fut ourdie pour accaparer la voix de cet académicien.

M. Émile Perrin, alors directeur de l'Opéra-Comique, m'avait fort aimablement accordé mes entrées à son théâtre, à titre de confrère en peinture. Il me présenta plus tard dans sa famille, où je fus reçu de la façon la plus gracieuse, et bientôt à titre d'ami.

La loge des Perrin comme nous disions, était presque tous les soirs le rendez-vous d'auteurs célèbres, de compositeurs illustres, dont les ouvrages étaient joués ou devaient l'être, et de quelques-uns de mes amis.

Madame Perrin, et sa sœur, madame Doux, dont le talent en peinture a pu être remarqué à presque toutes les dernières expositions, faisaient avec une grâce charmante les honneurs du petit salon fermé qui précédait la loge, et prenaient vivement part aux discussions animées qu'il est rare de ne pas voir s'élever dans une réunion d'artistes.

De temps en temps, lorsqu'on voulait écouter un morceau, entendre une chanteuse célèbre, on quittait, sans se gêner, le petit salon pour s'installer dans la loge. Il régnait dans ces réceptions intimes la plus charmante liberté, celle des gens d'esprit.

Le maître de la maison paraissait par moments, pour juger de l'effet d'une scène, d'un arrangement de décorations. Il parlait peu, il était à son affaire, et je me serais bien gardé de l'interrompre; mais, quand il n'était pas préoccupé, j'avais un vrai plaisir à causer avec lui : nous nous entendions dans les questions d'art, et il avait quelque confiance en mon goût, excepté lorsqu'il s'agissait de certaine musique qui avait toutes mes préférences, mais qui n'avait pas celles du public. Le directeur reprenait là son rôle, en oubliant peut-être un peu que ce public, auquel il voulait plaire avant tout, n'est pas toujours le meilleur juge.

Aujourd'hui, malgré ce léger désaccord, dans l'isolement où je vis, surtout dans l'éloignement de tout ce qui touche à la vie heureuse, je pense bien souvent avec reconnaissance à l'aimable accueil que j'ai reçu de lui et de son entourage.

Mais je me laisse aller à des souvenirs qui me sont toujours agréables, et j'oublie de raconter l'intrigue imaginée par madame Perrin, qui avait pris très à cœur mon affaire de candidature.

Assez liée avec M. Couder, madame Perrin lui envoya une loge, et, supposant qu'il viendrait la remercier, elle eut la bonté de me prévenir de ne pas manquer de venir, le soir, assister à l'assaut que tous devaient donner en ma faveur.

Il fut fait comme il avait été dit, et j'étais depuis quelques instants dans la loge, quand l'ouvreuse annonça M. Couder.

Après les compliments d'usage et les remercîments, madame Perrin, s'apercevant que M. Couder ne me reconnaissait pas, me présenta, et elle commençait pour moi un plaidoyer des plus flatteurs, quand je l'interrompis en lui disant qu'il n'était pas probable que je pusse trouver la moindre sympathie chez M. Couder, qui m'avait déjà mis une fois à la porte de chez lui.

A ce mot, M. Couder fit un bond. « Comment cela ! s'écria-t-il ; mais pas du tout... Mesdames, ne le croyez pas... Il n'y a pas un mot de vrai... je vais vous faire juges, et vous conter l'histoire à laquelle Amaury fait allusion.

« Voici comment les choses se sont passées... Je lui avais loué un atelier... et cet atelier n'était séparé du mien que par une porte, condamnée, il est vrai, mais qui permettait de tout entendre... Il recevait des... amis, c'est tout simple... Mais moi, je donnais des leçons à madame de Montalivet, qui venait tous les jours, et par cette maudite porte on entendait tout ce qui se disait. Je ne lui en voulais pas... à son âge ! et d'ailleurs il était chez lui... mais je ne vivais pas pendant mes leçons... Et puis Nourrit qui venait poser pour son portrait ! c'était en 1830... Vous figurez-vous Nourrit, dans ce petit atelier, où l'on ne manquait pas de le faire chanter, donnant toute sa voix et entonnant la *Parisienne*... tout son répertoire... C'étaient des *Mathilde, idole de mon âme* ! des *Mon père, tu m'as dû maudire*... J'en serais devenu fou... Alors j'ai écrit à Amaury, mais très-poliment et sans lui garder la moindre rancune, le priant de chercher un autre atelier.

—Qu'est-ce que je disais ? vous voyez, Mesdames, que M. Couder, avec les formes les plus polies, ne m'en a pas moins mis à la porte de chez lui. »

Et tout le monde de rire.

Tout cela fut gai, très-aimablement dit, et madame Perrin ajouta : « Eh bien ! alors, faites votre paix avec votre féroce propriétaire, et surtout faites-lui votre cour. »

M. Couder me prit alors à part, et me dit : « Je sais que vous vous présentez comme candidat, et vous faites très-bien ; mais, si j'ai un conseil à vous donner... la chose importante... »

Je ne le laissai pas achever...: « est d'être

placé, lui dis-je, sur la liste de la section...

— C'est en effet, me répondit-il, le point important...

— Aussi, c'est pour cela que je réclame votre indulgence.

Il prit ma main, qu'il serra, en me disant :

« Si cela est en mon pouvoir... »

Quel fut le dénoûment? On l'a deviné — je n'eus pas une seule voix.

Cette élection fut celle où Eugène Delacroix fut nommé membre de l'Académie. Quand le résultat du scrutin fut connu : « Voilà le loup dans la bergerie! » s'écria tout haut M. Ingres.

Je voudrais qu'on fût bien persuadé qu'il n'entre pas dans le récit de cette petite mésaventure le moindre sentiment d'aigreur. Personne, plus que moi, ne comprend ce qu'il y a d'honorable à faire partie de ce corps très-justement illustre, et ne regrette plus profondément de n'avoir pas mérité d'en être.

Mais il faut, à mon avis, pour que cet honneur soit complet, qu'il arrive spontanément, à la suite d'une belle œuvre, d'un grand succès, et que l'opinion publique force la porte, si elle résiste.

Alors c'est, en effet, une très-belle, très-enviable chose que d'arriver ainsi à cette récompense suprême.

Mais y parvenir à la longue, à l'ancienneté, comme disait Horace Vernet, guetter la mort d'un confrère, et s'en aller tout de suite demander sa succession, faire des visites qui, répétées, deviennent presque humiliantes, être très-bien reçu, souvent même de façon à espérer, et n'avoir pas une voix; ne pas se rebuter cependant, gagner quelques suffrages par obsession, et parvenir enfin à ce fauteuil sans que le public s'en émeuve, ou même le sache... J'avoue que j'ai reculé devant cette perspective. Je n'ai pas recommencé l'épreuve, et mes amis pourront dire de moi, en parodiant le mot qui fut fait sur le grand Dauphin, et toutes proportions gardées :

« Fils d'académicien, neveu d'académicien, jamais académicien ! »

XXVII

CONCLUSION

J'ai essayé de peindre l'homme dans les pages qui précèdent ; qu'il me soit permis maintenant d'exprimer mon opinion, tout humble qu'elle peut être, sur l'artiste qui restera une des gloires de l'école française.

On a dit que M. Ingres était un Grec du temps de Périclès égaré dans le dix-neuvième siècle. Cette pensée me paraît plus ingénieuse que juste. Un homme aussi ennemi de l'idéal, un amant aussi déclaré de la nature, quelle qu'elle soit, ne pouvait être un Grec qu'à certaines heures, grâce à son instinct merveilleux d'assimilation.

Au quinzième siècle, il eût été peut-être Masaccio ; ce qu'il fut à coup sûr, c'est un révolutionnaire.

Comme tous les révolutionnaires convaincus, il ne se crut que réformateur, ne prévit pas ce que pourraient devenir entre les mains d'hommes moins habiles les doctrines nouvelles qu'il répandait. Il ne pensa pas, enfin, à la *suite* qu'il entraînerait après lui, pour ne pas me servir du mot consacré aujourd'hui.

L'opposition qu'il fit à son maître David fut si prompte, que les œuvres qu'il exécuta avant son départ pour l'Italie fournissaient déjà les preuves d'une recherche plus intime du vrai.

Cette force de conviction devait être bien grande chez M. Ingres, pour qu'il pût indiquer dès son début, au milieu des artistes déjà célèbres qui l'entouraient, la route qu'il voulait suivre, et qu'il a suivie, malgré les critiques, malgré les moqueries, malgré la misère.

La vue des grands maîtres italiens ne fit que développer davantage cette tendance profondément innée en lui, et, comme il le dit un jour devant nous, lui fit reconnaître *qu'on l'avait trompé*. Dès lors, rien ne put l'arrêter, et ses ouvrages portèrent le premier coup à l'école d'où il était sorti.

M. Ingres fut un amoureux de la nature, et, comme tous les amoureux, devint aveugle sur certains défauts inhérents aux plus belles choses. Ces défauts, il serait plus juste de dire ces côtés individuels de la nature, il osait les aborder franchement, et savait les rendre intéressants par l'interprétation qu'il en faisait, autant que par sa merveilleuse exécution.

Aussi, pendant que l'école de David brillait de son éclat le plus vif en ne cherchant le beau que dans l'antiquité et en ne laissant presque plus rien d'humain subsister dans son imitation adoucie de la nature, on peut juger de l'effet défavorable que produisirent les œuvres d'un homme qui venait protester contre tout ce qui enthousiasmait le public, et renverser les principes fondamentaux d'une école en si grande faveur.

Cet homme fit plus qu'étonner : on ne comprit pas. Il est difficile, en effet, de s'imaginer la différence complète qui existait, pour des yeux habitués à un autre point de vue de l'art, entre les œuvres de M. Ingres et celles de ses contemporains. Je ne crains pas d'affirmer que cet aspect de vérité produisait sur le public de ce temps-là l'effet que nous causent certaines œuvres de la jeune école actuelle, en admettant que de pareilles choses puissent se comparer.

J'ai dit que cette impression fut produite sur le public, car les artistes, naturellement, sans l'avouer peut-être, comprirent tout de suite. Quelques-uns furent effrayés, la plupart admirèrent sincèrement; j'en pourrais citer des preuves nombreuses (1). Aujourd'hui, les yeux s'y sont faits, on en a vu tant d'autres ! et M. In-

---

1. *Lettres de Gérard.*

gres est devenu pour beaucoup de gens le type de la pureté classique : oui, si l'on applique la dénomination de *classiques* aux artistes du quinzième et du seizième siècle; non, si on la restreint, comme beaucoup le faisaient à cette époque, à l'école seule de David, dont M. Ingres répudia toute sa vie les principes. Cela est si vrai, que les premiers admirateurs de M. Ingres furent les Géricault, les Delacroix, toute cette nouvelle école qui voulait secouer le joug de l'Institut, et qui saluait un maître en M. Ingres, comprenant qu'elle pourrait vaincre avec un tel homme.

Plus tard, quand la cause fut gagnée, il y eut une scission, qui dégénéra en lutte entre les *dessinateurs* et les *coloristes*, et c'est aux coloristes que fut donné le nom de *romantiques*. Mais je maintiens qu'il faut prendre ce mouvement de plus haut et de plus loin.

Je ne dirai donc pas que M. Ingres ait été romantique; mais ce que j'affirme, c'est qu'il n'a jamais été *classique* dans le sens qu'on prêtait à ce terme; la seule expression qui lui convienne est l'expression toute récente de *réaliste*. J'ajouterai qu'il a été *réaliste* à la manière de Masaccio, de Michel-Ange, de Raphaël.

M. Ingres fit non-seulement le premier la révolution dont je parle, mais il eut, avant tous les jeunes gens d'alors, le goût de choses fort méprisées à cette époque, et qui ont pris depuis une place, peut-être trop élevée, dans l'admiration. On a toujours attribué aux romantiques l'espèce résurrection du moyen âge ; avant qu'ils fussent nés, M. Ingres avait non-seulement représenté des sujets de ce temps-là, mais, pour les représenter, il avait même emprunté à l'art primitif une certaine raideur naïve qui ne manque pas de charme, et qui donne à ses tableaux, d'une science archéologique complète, cette *couleur locale* si en honneur dans la nouvelle école. Où peut-on la trouver observée avec plus de soin que dans son *Entrée de Charles VII à Paris*, dans sa *Françoise de Rimini*, dans son *Henri IV jouant avec ses enfants* ? Aussi, pour le public d'alors et pour les plus illustres critiques, c'étaient des *pages enlevées à des missels*. On en était encore aux troubadours de pendule et au gothique de l'Opéra-Comique... avant M. Perrin.

J'irai plus loin : les peintures *japonaises* qu'une jeune et nouvelle école croit avoir découvertes, M. Ingres les admirait il y a soixante ans ; la preuve en est dans le portrait de madame Rivière et dans l'*Odalisque* Pourtalès, dont les critiques disaient : « Cet ouvrage ressemble à ces dessins coloriés qui ornent quelquefois les manuscrits arabes ou indiens. »

Que n'ai-je à ma disposition tous les documents nécessaires ! Il serait bien curieux de voir les jugements que l'on portait sur un homme considéré aujourd'hui comme classique. Je puis au moins citer de souvenir cette phrase d'un article de M. de Kératry sur l'*Odalisque* dont je viens de parler : « C'est sans doute pour montrer à M. Ingres à quel point il s'est trompé, que l'on a placé dans le grand salon l'odalisque peinte par ce jeune homme. »

Ce même M. de Kératry, qui est resté dans ma mémoire comme le plus aimable et le plus spirituel vieillard, me disait un jour en me parlant de cette œuvre de mon maître : « Son odalisque a trois vertèbres de trop. »

Il avait peut-être raison. — Et après ? qui sait si ce n'est pas la longueur du torse qui lui donne cette forme serpentine saisissante au premier abord ? Dans des proportions exactes, aurait-elle un attrait aussi puissant ?

Son dessin, on le voit, était alors attaqué, comme ses tendances. C'est pourtant le mérite qu'on lui conteste le moins à présent ; mais ceux qui le lui accordent dans le public, et même dans le public éclairé, se doutent bien peu de ce que c'est que le dessin. On entend généralement par une chose bien dessinée une figure correcte ayant le nombre voulu de têtes (le corps humain, d'après les règles, se divise en huit parties de la dimension de la tête), dont tous les muscles sont à leur place, et chaque membre en rapport mathématique avec les autres. Rien de tout cela ne constitue une figure bien dessinée. — La photographie donne cette exactitude complète, et personne n'a l'idée d'avancer qu'une photographie est bien dessinée. — Ce qui constitue le dessin, aussi bien que la couleur, c'est l'interprétation que fait un artiste des objets qu'il représente, selon l'impression produite sur lui par certaines beautés ou certains côtés qui lui paraissent beaux, sur lesquels il appuie, qu'il rend visibles pour des yeux moins exercés, et qu'il parvient à imposer par la force de son génie.

Cette impression que reçoit de la nature un grand artiste, et qu'il nous rend palpable par les moyens qu'il a entre les mains, doit nécessairement varier à l'infini, selon les hommes, selon leur tempérament, leur âme. Si l'exactitude était le dernier mot du dessin, la dissemblance entre les artistes n'existerait pas. Imaginez dix grands peintres faisant le même portrait. Ces dix portraits ressembleront tous au modèle; il n'y en aura pas deux qui se ressemblent comme dessin ni comme couleur. Ce serait pour les peintres, et pour les sculpteurs surtout, une affaire de compas. Nous n'aurions plus cette variété si grande dans la manière de dessiner de Michel-Ange, de Raphaël, de Léonard de Vinci, ni la couleur de Paul Véronèse si différente de celle du Titien et de celle de Rubens.

Heureusement, ces grands artistes se sont peu souciés de l'exactitude. Ils ont traité la nature haut la main; les fautes de dessin, les plus grossières inexactitudes, les exagérations et les additions de muscles abondent dans Michel-Ange.... Je rougis de traiter de fautes ces incorrections sublimes d'un des plus grands génies de l'art.

M. Ingres, comme ces admirables artistes, a mis de côté la science académique apprise à l'école; il s'est fait un dessin à lui, d'une correction douteuse, bizarre, si l'on veut, mais bien à lui, qui rend son impression et nous force à la partager.

Qu'un artiste soit porté par son goût vers la forme ou vers la couleur, l'important est qu'il voie la nature sous un aspect nouveau, et qu'il parvienne à imposer sa manière de voir; il n'est un maître qu'avec cette faculté. Tous les artistes illustres l'ont possédée, mais ils n'ont pas été plus matériellement vrais, plus exacts, les uns que les autres.

Si le public, sans s'y connaître, accorde à M. Ingres la qualité de dessinateur, il lui refuse

complétement, par contre, celle de coloriste.
— Là encore, il se trompe. — Non que je veuille
trouver en M. Ingres cette qualité au même
point que chez ceux qui, pour l'obtenir (je parle
des modernes), ne vont pas beaucoup plus loin
qu'une ébauche; cependant je dois dire que
ses tableaux ont une gamme de tons sobres qui
n'est pas de l'impuissance, mais plutôt la consé-
quence des autres grandes qualités de ses
œuvres.

En France, une chose spirituellement dite a
bientôt force de loi. On trouva dans l'anagramme
du nom Ingres les mots : *en gris*. Dès lors M. Ingres a fait gris, le gris était sa couleur de prédi-
lection, il faisait communier ses élèves avec du
gris. — C'était amusant, spirituel, mais rien de
plus. Il n'en est pas moins vrai que beaucoup de
personnes sont encore persuadées de la vérité de
cette critique, ou plutôt de cette boutade d'un
homme d'esprit (1), qui n'en croyait pas un mot
lui-même.

Je dirai plus : M. Ingres est arrivé souvent au
charme de la couleur, car il était loin d'y être
insensible, et j'en citerai pour preuves la *Chapelle Sixtine* et une *Odalisque* assise de dos sur
le coin d'un lit, et dont la tête est en profil perdu.

1. Laurent Jan.

Je pourrais appuyer mon jugement sur l'opinion de Ricard, grand appréciateur de la couleur et coloriste lui-même à un haut degré, qui me disait un jour devant cette toile, avec sa vivacité méridionale : « Et l'on prétend que cet homme n'est pas coloriste ! Eh bien ! savez-vous une chose ? c'est que je ne connais rien chez les Vénitiens, et je les connais, à mettre au-dessus de cela. »

Mais je ne veux pas accorder plus d'importance qu'il ne faut à ces rencontres heureuses, qui prouvent seulement que deux qualités souvent séparées peuvent aussi se trouver réunies chez les grands artistes.

C'est dans l'ensemble de son œuvre, si complétement original, que la supériorité de M. Ingres apparaît vraiment ; c'est dans cette persévérance, à atteindre un but qu'il avait devant les yeux, et dont rien n'a pu le détourner un instant.

Jamais un moment de faiblesse ou d'hésitation. — Il allait devant lui, luttant contre mille obstacles, avec ce respect, ce culte de l'art, qui le maintenait dans une honnêteté d'artiste dont il est peu d'exemples.

Dès ses débuts, pas une œuvre n'est sortie de chez lui sans qu'il crût pouvoir la signer ; il n'y mettait son nom que lorsqu'il croyait avoir fait bien ; dans le doute, il recommençait. Parmi ses milliers de croquis, pas un qui dénote la négligence, la hâte de terminer et d'apporter les vingt francs, prix de ces merveilleux portraits, dans un ménage où ils étaient attendus parfois pour avoir du pain.

Il faut remonter bien haut, jusqu'aux maîtres anciens, pour trouver l'analogue d'une vie aussi exclusivement vouée à l'art que l'a été celle de M. Ingres. — Ce n'est plus de notre temps. — Mais aussi, en dehors de la peinture, de la musique, des arts enfin, rien de ce qui existe pour les autres n'existait pour lui.

Cette volonté de fer et cette foi inébranlable n'auraient pas suffi pour surmonter tous les obstacles accumulés devant lui, s'il n'avait été doué, comme les hommes de génie, d'une puissance d'exécution que personne ne lui conteste, qu'on a pu lui prendre, mais qui était bien à lui.

Je crois fermement qu'en ramenant l'art à un accent plus vrai de la nature, M. Ingres a renversé l'école de David, et a fait naître par cette révolution le réalisme qui nous déborde aujourd'hui. Mais qu'importe? Faut-il reprocher à Michel-Ange toute la suite de Bernins qu'il a créés? Tant pis pour les Bernins, et pour ceux qui les admirent! Michel-Ange disait : « Mon style est destiné à faire de grands sots. » C'est le sort destiné aux imitateurs.

Quant aux natures puissantes et inventives, elles ne doivent leur éclat ni aux écoles ni aux doctrines qu'on y professe : il n'y a pas d'exemple d'un grand peintre ayant suivi la voie de son maître.

Les écoles, les traditions peuvent faire des artistes habiles, elles ne font pas des artistes de génie. La nature seule a ce privilége, dont malheureusement elle ne nous a pas donné le secret, et, sans se soucier des règles ni des préceptes, elle fait apparaître de loin en loin quelques hommes d'élite qui font l'honneur et la gloire de leur temps.

Ingres était un de ces hommes-là.

FIN.

TABLE

I. Une séance à l'Institut	1
II. Première visite au maître	14
III. Ouverture de l'atelier	20
IV. Un dîner chez mon père	33
V. Madame Ingres	42
VI. Premiers essais de peinture	56
VII. L'atelier des élèves	65
VIII. L'atelier du maître	83
IX. L'École des Beaux-Arts	93
X. Envois à l'Exposition	116
XI. Le portrait de la *Dame verte*	127
XII. Le *Plafond d'Homère*	135
XIII. Deux portraits	141
XIV. L'Exposition de 1834	150
XV. Départ pour l'Italie	158
XVI. Impressions de voyage	163
XVII. Rome et l'Académie	169

XVIII.—M. Ingres à Rome.................... 175
XIX. De Rome à Naples....................... 183
XX. Pompeï et l'art antique................. 192
XXI. La vie à Florence...................... 203
XXII. Maître et élèves...................... 218
XXIII. Retour à Paris....................... 230
XXIV. Copie d'un portrait................... 241
XXV. Le jury des Beaux-Arts................. 246
XXVI. Candidature à l'Académie.............. 259
XXVII. Conclusion........................... 277

FIN DE LA TABLE.

www.ingramcontent.com/pod-product-compliance
Lightning Source LLC
Chambersburg PA
CBHW070535160426
43199CB00014B/2267